Wolfgang Schnepper

Abschlussspiele
im
Fußball

D-Jugend bis Senioren

Der Autor:

Wolfgang Schnepper
Jahrgang 1964, Diplomsportlehrer,
Ex-Bezirksligaspieler im Fußball,
1988-89 in der deutschen Triathlonspitze,
1990 Bayerischer Meister im Body-Building,
1998 Konditionstrainer im bezahlten Fußball

Bibliografische Informationen der Deutschen
Nationalbibliothek: Die Deutsche Nationalbibliothek
verzeichnet diese Publikation in der Deutschen
Nationalbibliografie; detaillierte bibliografische Daten sind
im Internet über http://dnb.d-nb.de abrufbar.

©2017 Wolfgang Schnepper
Herstellung und Verlag: Books on Demand GmbH
Norderstedt
Satz und Layout: Manfred Claßen
Grafiken und Bilder: Manfred Claßen, coachfx
Covergrafik: © iStockphoto LP

ISBN 978-3-7448-9601-6

Inhalt

Inhalt

Vorwort

Vorwort

Abschluss- und Trainingsspiele sind im Fußball neben dem Wettkampfspiel das wichtigste Trainingselement überhaupt. **Fußball lernt man ideal unter Wettkampfbedingungen.** Führen wir hier ein Beispiel an. Im Training laufen die Fußballer monoton allein auf das Tor zu, und schießen ab 18 Metern Torentfernung auf den "Kasten". Ab und zu erzielen sie auch einen Treffer. Aber im Wettkampfspiel herrschen plötzlich ganz andere Bedingungen. Mehrere Gegenspieler behindern den potentiellen Torschützen, der Raum ist viel enger, die Zeit zu agieren, viel kürzer.

Was wir brauchen ist ein Torschusstraining unter Wettkampfbedingungen, damit es auch effektiv in einem Wettkampfspiel umgesetzt werden kann.

Was meinen wir mit **Abschlussspiel?**

Abschlussspiele sollten im Training 30 bis 50 Prozent der gesamten Einheit ausmachen.

Das letzte Abschlussspiel ist ein "freies" Spiel und sollte in der Regel immer erfolgen, spezielle konditionelle, technische oder taktische Anweisungen sind hier sehr begrenzt oder fehlen komplett. Der Trainer oder die Trainerin fungiert lediglich als Schiedsrichter, Streitschlichter, Ratgeber usw.

Aber spätestens ab der D-Jugend werden Abschlussspiele mit besonderen konditionellen, technischen oder taktischen Vorgaben eingebaut.

Die meisten Abschlussspiele in diesem Buch können schon ab der D-Jugend praktiziert werden. Alle aufgeführten Trainingsspiele können bis in den höchsten Seniorenbereich,

also von der Kreisklasse bis in den Profibereich, effektiv im Training eingesetzt werden.

Die Abschlussspiele in diesem Buch werden in drei Kategorien eingeteilt:

Kategorie 1 mit leichten Vorgaben (meist nur konditionell und / oder technisch)

Kategorie 2 mit mittelschweren Vorgaben (allerdings immer noch ab der D-Jugend praktizierbar)

Kategorie 3 mit sehr schweren und komplexen taktischen Vorgaben (teilweise erst ab A-Jugend einsetzbar)

Vermieden werden sollten gänzlich Abschlussspiele, in denen die Fußballer sich selbst überlassen sind. Schnell werden zwei Mannschaften gebildet, die ohne taktische Anweisungen gegeneinander spielen.

Also ihr Trainer/innen da draußen, zeigt Verantwortung bei Eurer ehrenvollen Aufgabe und betreut unsere Jugend gewissenhaft!

# Abschlussspiele der Kategorie 1

Abschlussspiele der Kategorie 1

Die Abschlussspiele der Kategorie 1 sind spätestens ab der D-Jugend durchführbar, aber bis in den höchsten Seniorenbereich noch sinnvoll und effektiv.

Linksfuß
Der Ball darf nur mit dem linken Fuß geführt, gepasst oder geschossen werden (Kopfball ist natürlich erlaubt). Diese Vorgabe sollte auf fünf Minuten begrenzt bleiben. Nach dieser Zeitspanne wird es vor allem für Jugendspieler zu eintönig.

Rechtsfuß
Der Ball darf nur mit dem rechten Fuß geführt, gepasst oder geschossen werden (Kopfball ist wiederum erlaubt).
Auch diese Vorgabe sollte zeitlich auf fünf Minuten begrenzt bleiben, und macht nur Sinn, wenn Spieler mit einem "starken linken Fuß" in der Mannschaft sind.

Strafe
Die Mannschaft, die ein Tor kassiert, absolviert als "Strafe" fünf bis zehn Liegestütze oder Sit-ups pro Spieler.

Variation
Die Mannschaft, die ein Tor kassiert, tätigt 10 halbe Kniebeugen pro Spieler oder fünf fast halbe Kniebeugen auf einem Bein. Bitte lassen sie die Kniebeugen nicht tiefer oder sogar bis in die Hacken ausführen. Auf Dauer kommt es sonst zu Schädigungen des Knorpels im Kniegelenk.

 # Abschlussspiele der Kategorie 1

Torwartstrafe
Der Torwart, der sich ein Tor "fängt, sprintet umgehend bis zur Mittellinie und zurück.

Ball nach vorn
Der Ball darf nur nach vorn gespielt oder gedribbelt werden (bitte ebenfalls auf fünf Minuten begrenzen, da diese Option wiederum für Jugendspieler sehr anspruchsvoll ist).

Torschütze=Torwart
Der jeweilige Torschütze muss bis zum nächsten Torerfolg als Torwart agieren usw.

Mannschaft in Überzahl
Eine Mannschaft spielt in Überzahl von mindestens zwei Spielern. Nach zwei bis drei Minuten spielt die andere Mannschaft in der gleichen Überzahl, allerdings auch nur für zwei bis drei Minuten.

Variation
Ein bis zwei Spieler treten als freie Spielmacher auf. D.h. sie spielen immer für die Mannschaft, die in Ballbesitz ist.

Zeitfoul
Es gilt als Foul, wenn bei Einwürfen, Ecken, Abstößen oder Freistößen zu viel Zeit verschwendet wird, dann bekommt der Gegner den Ball. Der Trainer oder die Trainerin entscheidet.

 # Abschlussspiele der Kategorie 1

Torvergrößerung
Es wird die Regel eingeführt, dass pro geschossenem Tor die Mannschaft selbst das Tor vergrößert bekommt.

Torwertung
Es werden Kopfballtore oder Tore, die super vorbereitet oder erzielt wurden, doppelt gewertet.

Ohne Einwurf, Ecke, Abstoß
Der Trainer oder die Trainerin hat mehrere Bälle in der Mitte, die immer wieder ins Spiel gebracht werden, wenn ein Ball im Aus ist. Einwürfe, Ecken, Abstöße werden also nicht ausgeführt.

3 Ecken-Elfmeter
Wir spielen drei Ecken gleich ein Elfmeter.

Tor erschwert
Ein Tor zählt wird nur gewertet, wenn dabei alle eigenen Spieler über der Mittellinie sind.

Torhüter fehlt
Es wird auf mehrere Hütchentore gespielt (ohne Torhüter).

Dribbeltor
Es wird auf Linientore gespielt, die durchdribbelt werden müssen oder der Ball darf nur leicht eingeschoben werden

 # Abschlussspiele der Kategorie 1

1 Tor
Es wird nur auf ein Tor gespielt.

Gedrehte Tore
Man spielt auf zwei Tore, die 180 Grad umgedreht werden, also muss man hinter das Tor kommen, um einen Treffer zu erzielen.

Tschenenrolle
Es wird mit drei Teams im Prinzip der „Tschenenrolle" gespielt. Ein Team greift an, wird der Ball verloren, muss das zweite Team verteidigen. Das Stürmerteam darf nicht mehr eingreifen. Eine Mannschaft besteht praktisch aus zwei Mannschaften. Hat der verteidigende Teil den Ball erobert und nach vorn gespielt, müssen sie hinter das eigene Tor. Greift die andere Mannschaft wieder an, dürfen sie hinten wieder verteidigen, ihre Angreifer bleiben vollkommen passiv usw.

Torpflicht
Um zu gewinnen, muss jeder einzelne Spieler einer Mannschaft ein Tor erzielen.

Variation

Eine Mannschaft spielt in Überzahl mit einer der schon aufgelisteten Vorgaben, auch hier wechselt sie wiederum nach 2 bis drei Minuten.

4 Tore

Es wird ein Abschlussspiel auf vier Tore gespielt. Hierbei ist eine Spielzeit von 10 Minuten durchaus sinnvoll.

4 Tore 2 Bälle

Es wird ein Abschlussspiel auf vier Tore mit zwei Bällen gespielt. Die Bälle sind leicht aufgepumpt, weil z.B. gleichzeitig zwei Schützen auf ein Tor schießen könnten. Jetzt halten sich die Schmerzen bei einem Körpertreffer in Grenzen.

www.coachfx.com

Achtung, die hier beschriebene Form eines Abschlussspiels darf erst ab der A-Jugend eingesetzt werden.

Jeweils eine Mannschaft spielt für 5 Minuten mit einer Gewichtsweste von 5 bis 6 kg. Sind nicht genügend Westen vorhanden, wird die Weste halt häufiger gewechselt.

 # Abschlussspiele der Kategorie 1

Torschützenwechsel

Jede Mannschaft spielt zunächst in gleicher Spieleranzahl. Der Spieler, der ein Tor schießt, wechselt danach sofort zur anderen Mannschaft. Nun kann es passieren, dass ein Team mal zwei oder vier Spieler mehr hat. Dann ist es aber so überlegen, dass diese Überzahl-Mannschaft ein Tor schießen muss, und einen Spieler wieder verliert usw.

Torvorgabe

Es dürfen nur Tore mit dem Kopf, Dropkick, nach einem Doppelpass oder einer Direktabnahme erzielt werden. In der D-Jugend sollte man zu diesen Optionen noch den Torschuss mit dem schwächeren Fuß hinzunehmen.

Ungleiche Mannschaften

Es wird eine Mannschaft mit sehr guten Spielern gebildet. Das andere Team spielt in Überzahl oder starker Überzahl. Diese Form des Trainingsspiels sollte auf 5 bis 10 Minuten begrenzt bleiben.

Doppelte Torhüter

Gespielt wird auf große Tore, allerdings muss jede Mannschaft mit zwei Torleuten spielen. Mal sehen, was die Teams daraus machen. Kommen sie auf die Idee, einen Torwart überall auf dem Spielfeld auch als Feldspieler einzusetzen. Diese Spielform ist vor allem für Jugendmannschaften von der F- bis A-Jugend sehr interessant.

Abschlussspiele der Kategorie 2

Angriff in Überzahl und Konter

Bei diesem ersten beschriebenen Abschlussspiel trainieren wir den schnellen Angriff in Überzahl und den Konter. Gespielt wird auf zwei besetzte Tore. Die angreifende Mannschaft stellt vier Stürmer, die abwehrende drei Verteidiger.

Bei der verteidigenden Mannschaft stehen vier Spieler außerhalb des Spielfeldes neben dem Tor, bei der angreifenden Mannschaft drei Spieler außerhalb neben ihrem Tor (siehe Skizze auf der nächsten Seite).

Übungsablauf:

1. Der Angriff muss innerhalb von zwei Minuten abgeschlossen sein, ansonsten müssen die Angreifer vom Feld und die drei wartenden Mitspieler werden zu Verteidigern.

Die wartenden vier Spieler werden jetzt zu Stürmern und bekommen den Ball usw. Jeder Angriff wird aber immer wieder auf zwei Minuten begrenzt.

2. Erlangen die Abwehrspieler den Ball, müssen sie sofort einen Konter einleiten und dürfen nur nach vorne laufen oder dribbeln. Sie suchen also den bedingungslosen Torabschluss.

3. Beenden die Stürmer mit einem Torabschluss, wechselt natürlich auch das Angriffsrecht mit den jeweils neuen Spielern.

Abschlussspiele der Kategorie 2

Ecken und Freistöße werden ausgeführt, wenn sie innerhalb der zwei Minuten stattfinden.

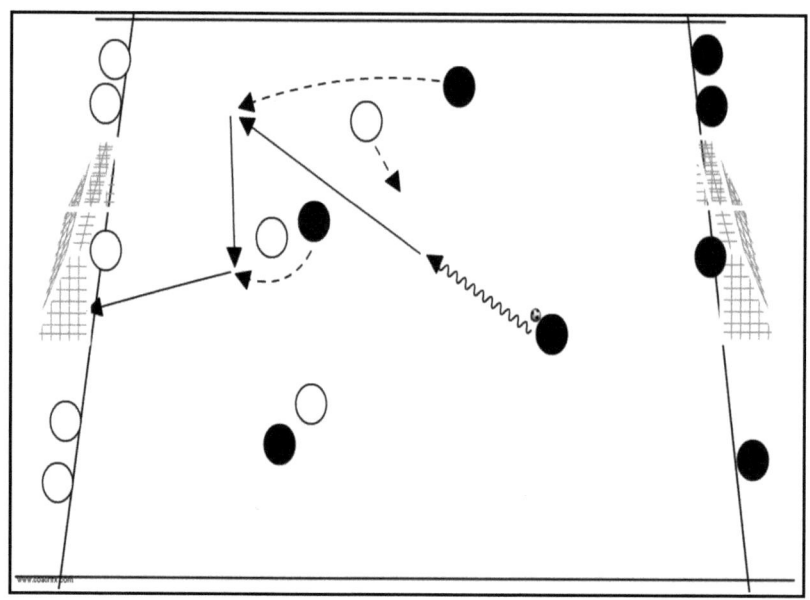

Abschlussspiel mit Dribbelaktion

Es wird ein Feld von 40 x 30 Meter abgesteckt. Ebenfalls wird eine mittlere Zone von 20 x 30 Meter markiert. Es werden zwei Mannschaften gebildet mit je einem Torwart, einem Abwehrspieler in der Abwehrzone und 4 – 6 Spieler je Mannschaft in der mittleren Zone.

Ablauf: In der mittleren Zone spielen 4 gegen 4, 5 gegen 5 oder 6 gegen 6. Schafft es nun ein Spieler über die Grundlinie der mittleren Zone auf das gegnerische Tor zu dribbeln, muss

er nun 1 gegen 1 gegen den Verteidiger den Torabschluss suchen. Der Stürmer darf dribbeln oder auch direkt schießen. Der Torwart darf auch aktiv eingreifen, und seine Torlinie verlassen.

Egal wie das Endresultat ausgeht, die verteidigende Mannschaft bekommt dann den ersten Ballbesitz in der mittleren Zone, Ecken werden nicht ausgespielt.

Variationen

- Der Stürmer ruft den Namen eines Mitspielers aus der mittleren Zone, der ihn bei dem Angriff in der Verteidigungszone des Gegners unterstützen darf.

- Jetzt darf auch der Verteidiger einen Spieler zur Verstärkung rufen, so bald ein Angreifer in seine Zone eindringt.

- Distanzschüsse aus der Mittelzone werden erlaubt.

- Der Torwart darf die Torlinie nicht verlassen.

- Es wird ohne Verteidiger gespielt, der Angreifer spielt also 1 gegen 1, wenn er in die Verteidigungszone eindringt.

- Es dürfen insgesamt drei Angreifer in die Verteidigungszone eindringen, gegen einen Verteidiger und einen Torwart, aber die Stürmer dürfen ausschließlich mit ihrem „schwächeren" Fuß spielen.

Abschlussspiele der Kategorie 2

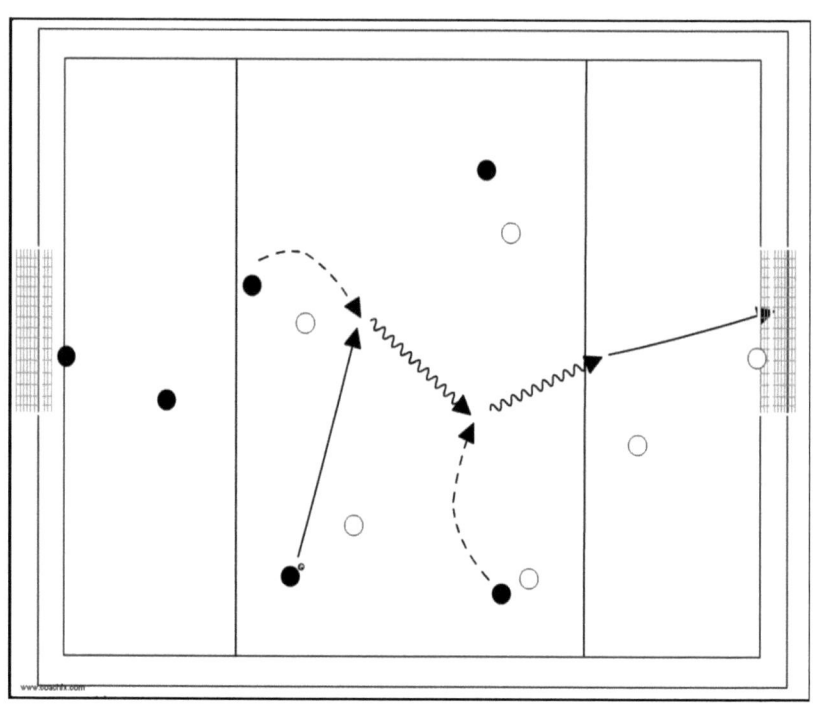

18

Abschlussspiele der Kategorie 2

Nur ein Angriffsfeld

Es werden zwei Mannschaften mit jeweils einem festen Torwart gestellt.

Die Anzahl der Feldspieler beträgt 5 – 7 pro Mannschaft.

Übungsablauf:

1. Eine Mannschaft spielt auf das Tor mit dem Angriffsfeld. Schießt sie ein Tor mit einem Distanzschuss außerhalb des Angriffsfeldes, wird dieses Tor doppelt gewertet.

2. Dribbelt die Mannschaft in das Angriffsfeld und erzielt dann ein Tor, zählt dieses auch doppelt. Alle anderen Tore, auch die der gegnerischen Mannschaft (diese spielt ja auf kein Angriffsfeld), zählen einfach.

3. Nach zehn Minuten werden die Seiten gewechselt und die andere Mannschaft spielt auf das Tor mit dem Angriffsfeld. Sieger nach 20 Minuten ist natürlich die Mannschaft mit den meisten Torpunkten (hier Torpunkte, weil manche Tore ja doppelt zählen).

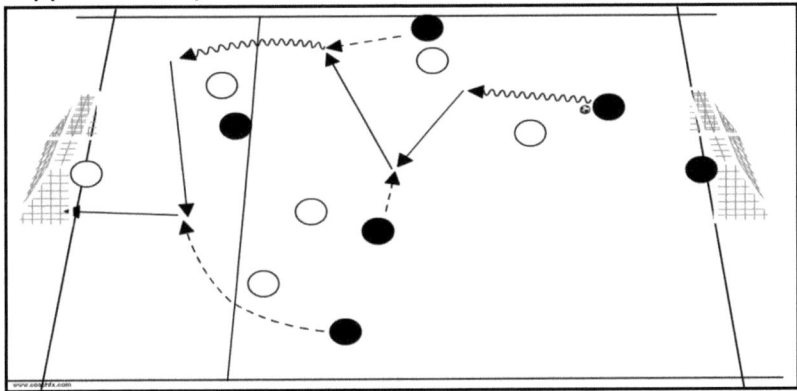

 # Abschlussspiele der Kategorie 2

Geteilte Mannschaften

Es wird ein Feld von etwa 25 x 20 Meter markiert. Bei 4 gegen 4 Spieler, 5 gegen 5 oder 6 gegen 6 wird das Feld auf 30 x 25 Meter erweitert. Ebenfalls stehen zwei unbesetzte Tore bereit. Die Mannschaften bestehen jeweils aus zwei Gruppen (vier bis sechs Spieler). Die Mannschaftsteile bekommen die Namen 1a und 1b, und die zweite Mannschaft die Namen 2a und 2b. Sie verteilen sich jeweils links und rechts neben dem eigenen Tor.

Ablauf: Der Trainer oder die Trainerin ruft z.B. die Mannschaftsteile 1a und 2b auf. Die Spieler laufen ins Feld und spielen nun gegeneinander mit einem festen Torwart. Beim ersten Spiel liegt der Ball in der Spielfeldmitte. Nach zwei Minuten ruft der Trainer/in z.B.: „2b durch 2a ersetzen". Jetzt muss die Mannschaft 2b sofort das Feld verlassen und wird durch 2a ersetzt. Danach ruft der Trainer oder die Trainerin: „1a durch 1b ersetzen und 2a durch 2b ersetzen."
Hier werden also zwei Mannschaftsteile gleichzeitig ausgetauscht.
Diese Übung macht den kleinen Fußballern einen Riesenspaß, und kann getrost bis zu zwanzig Minuten gespielt werden. Diese Spielform kann auch in der F-Jugend ausprobiert werden.

Tipp: Der Austausch der Mannschaftsteile empfiehlt sich gut bei anstehenden Standardsituationen wie Einwurf, Freistoß und Eckball.

Variationen

- Es wird nicht mit einem „festen" Torwart gespielt, sondern der „letzte" Mann wird automatisch zum Keeper.

- Die Mannschaftsteile bestehen aus unterschiedlich vielen Spielern, so kann eine Unter- und Überzahl dieser im Spiel erreicht werden. Mögliche Kombinationen wären z.B. 4 gegen 5, 5 gegen 4, 4 gegen 4 und 5 gegen 5. Hierbei hat jede Mannschaft einen Mannschaftsteil von 4 und 5 Spielern.

- Jeder Spieler darf nur mit seinem „schwachen" Fuß spielen. Allerdings sollte die Zeit hier auf zwei Minuten Spielzeit pro Spieler begrenzt bleiben.

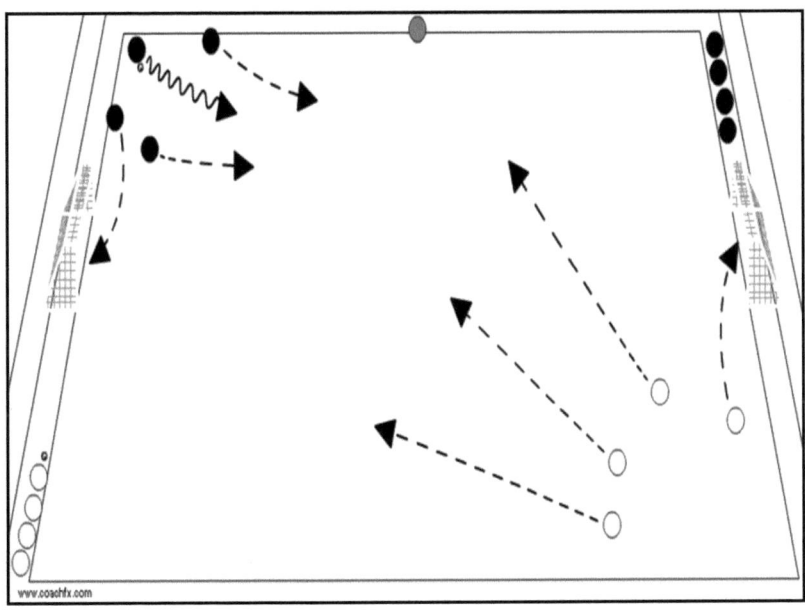

www.coachfx.com

21

Abschlussspiele der Kategorie 2

Nur Doppeltore zählen

Es wird ein Feld von 40 x 25 Meter mit zwei Toren aufgebaut. Gleichmäßig im Feld, aber mindestens 10 Meter von den Toren entfernt, werden 6 Hütchen aufgestellt. Auf diese Pylonen wird oben jeweils ein Ball postiert.

Nun werden zwei Mannschaften mit einem „festen" Torwart gebildet. Die Mannschaften setzen sich aus jeweils 5 bis 6 Spielern zusammen.

Ablauf: Es wird ein ganz normales Fußballspiel ausgetragen, bis auf einen Unterschied. Bevor eine Mannschaft ein reguläres Tor erzielen darf, muss zuvor ein Hütchen mit Ball umgeschossen werden, oder nur der Ball von diesem. Der Trainer oder die Trainerin entfernt die entsprechende Pylone mit Ball vom Spielfeld. Die Mannschaft mit dem „Treffer" kann nun auf das gegnerische Tor stürmen, und einen regulären Treffer erzielen. In der Zwischenzeit kann nun natürlich auch der Gegner eine Pylone „zusammenschießen", und ebenfalls ein reguläres Tor erzielen.

Wurde ein Tor erzielt, muss erneut ein Hütchen „abgeschossen" werden, bevor ein weiteres reguläres Tor erzielt werden darf. Die jeweils gegnerische Mannschaft darf natürlich die Pylonen mit Ball vor einem Abschuss schützen.

Wurde ein Hütchen getroffen, darf natürlich kein weiterer Abschuss erfolgen, bevor ein regulärer Treffer erzielt wurde.

Bei einer nicht regulären „Zerstörung" einer Pylone mit Ball muss der betreffende Spieler diese wieder aufbauen.

Nach Abschuss aller Hütchen geht es mit einem „normalen" Spiel weiter.

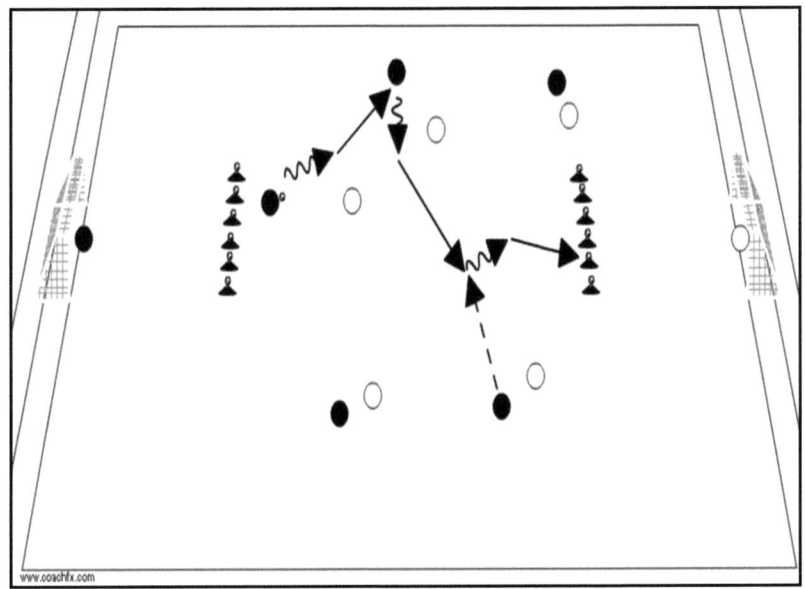

Variationen

- Auf dem Feld werden anstatt der Pylonen 6 kleine Tore mit ganz flachen Markierungshütchen aufgebaut. Die Breite der Tore beträgt etwa einen Meter. Bevor ein Tor erzielt werden darf, muss durch diese Tore ein Pass zu einem Mitspieler stattfinden.

- Alle Utensilien werden nun vom Platz entfernt. Ein Tor darf aber erst erzielt werden, nachdem ein „richtiger" Doppelpass gespielt wurde. D.h., der Doppelpass zählt nicht bei einem direkten Spiel auf kurzer Entfernung in der eigenen Hälfte ohne gegnerische Störung. Der Trainer/in gibt also bei einem zählbaren Doppelpass seine Zustimmung.

Abschlussspiele der Kategorie 2

Beliebige Tore im Feld

Bei dem folgenden Abschlussspiel wird sehr stark die fußballspezifische Ausdauer trainiert.

Mehrere kleine Tore mit Pylonen werden in einer Spielfeldhälfte aufgebaut. Es spielen mindestens „6 gegen 6". Der Ball soll durch ein Tor gespielt werden, wobei ein Mitspieler diesen Ball hinter dem Tor annehmen muss, damit ein reguläres Tor erzielt wird. Die Spieldauer beträgt etwa 10 Minuten.

Der Trainer muss darauf achten, dass alle Spieler ständig in Bewegung sind, und nicht permanent hinter einem Tor auf das Anspiel warten.

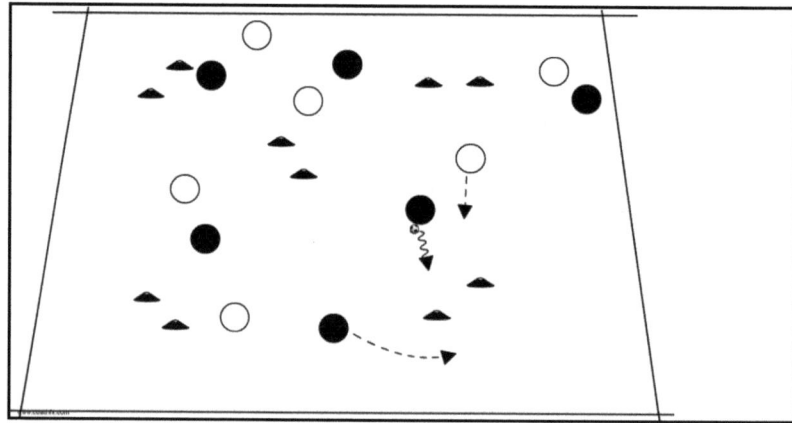

Passspiel

Bei der nächsten Übung wird 5 bis 7 gegen 5 bis 7 auf ein großes und 2 besetzte kleine Tore gespielt (siehe nächste Seite). Erobert eine Mannschaft den Ball in der eigenen Spielfeldhälfte, müssen in dieser erst vier Pässe gespielt werden, bevor in die gegnerische Hälfte gepasst werden darf.

Abschlussspiele der Kategorie 2

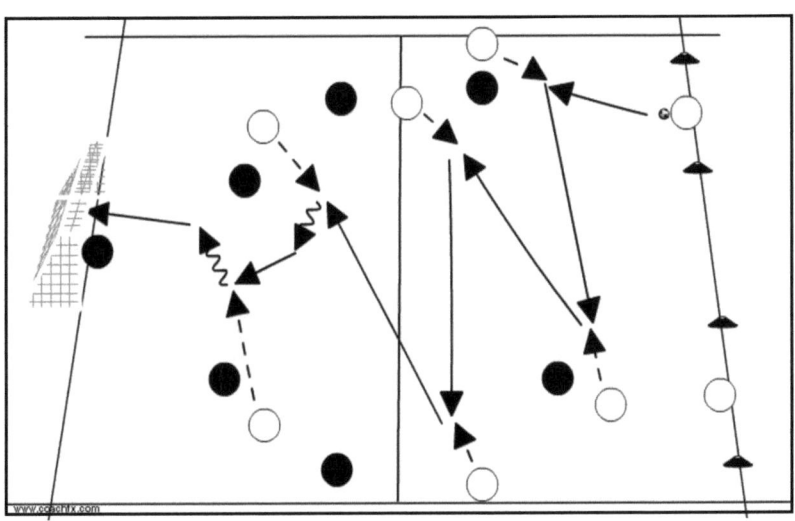

Konter und schnelles Umschalten

In dem nächsten Abschlussspiel trainieren wir den Konter und das schnelle Umschalten von Abwehr auf Angriff.

Übungsaufbau: Halbes Spielfeld (hier ist natürlich auch ein 6 gegen 5 oder 7 gegen 5 möglich). Ein Tor an der Grundlinie und 2 Hütchentore an der Mittellinie (siehe nächste Seite).

Übungsablauf: Die Mannschaft in Überzahl muss nach 4 Pässen ohne Torerfolg den Ball an die gegnerische Mannschaft abgeben.
Hier sollen schnelle Pässe gespielt werden!!! Querpässe sollten vermieden werden, Rückpässe sind verboten.
Den Spielern muss hier das schnelle Umschalten von Abwehr auf Angriff klar gemacht werden.

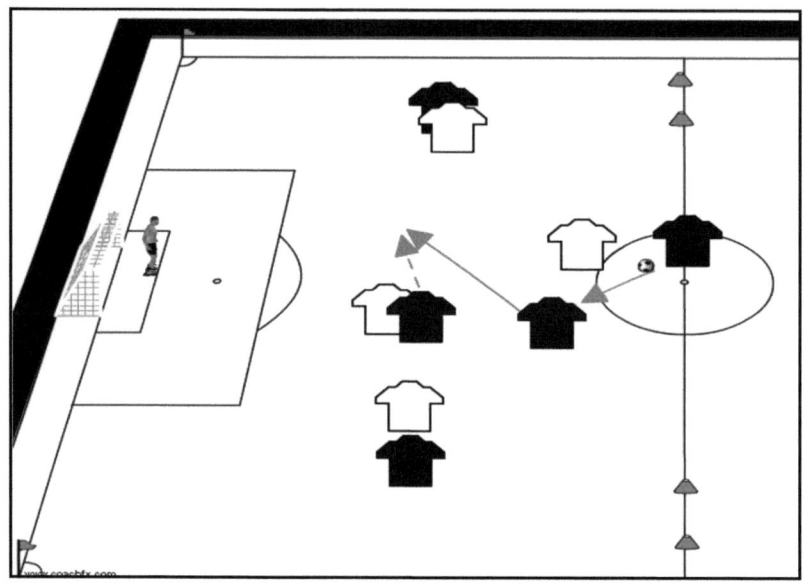

Weitere Übung zur Schulung des Konterspiels

Übungsaufbau: siehe nächste Seite
- Ganzes Spielfeld
- 2 Teams mit jeweils 5-7 Spielern bilden
- Alle Spieler befinden sich in einer Hälfte, dessen Tor nicht besetzt ist.

Übungsablauf:
Die beiden Mannschaften spielen „auf Ballhalten" gegeneinander in einer Spielfeldhälfte.
Auf ein Trainerkommando versucht die Mannschaft in Ballbesitz einen schnellen Konter auf das mit einem Torwart besetzte Tor. Die andere Mannschaft versucht den Konter abzufangen.

Abschlussspiele der Kategorie 2

Nach dem Torschuss oder dem Abfangen des Konters beginnt das Spiel wieder in der Hälfte ohne Torwart.

Diese Übung kann auch in kleineren Gruppen absolviert werden, indem die rechte Spielfeldhälfte mit Hütchen verkleinert wird.

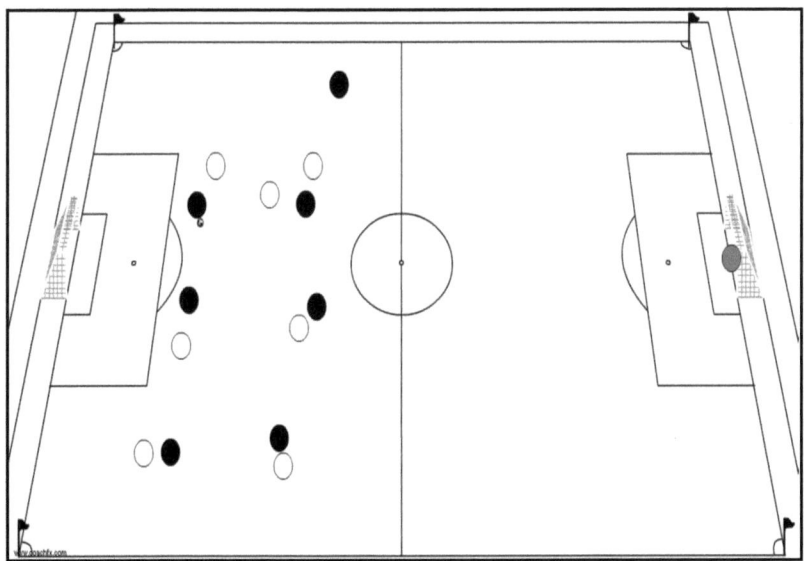

Flankenreingabe

Bei der nächsten Übung werden wieder zwei Mannschaften gebildet, die auf zwei große und besetzte Tore spielen. Jede Mannschaft besitzt einen Flügelstürmer, der außerhalb des Spielfeldes mit Bällen stehen (siehe nächste Seite).

Der erste Außenstürmer dribbelt in Richtung Torauslinie und flankt hoch oder flach in den Strafraum.

Hierauf erfolgt ein normales freies Spiel, bis der Ball ins Aus oder ins Tor geschossen wird.

Nun tritt der Flügelstürmer der gegnerischen Mannschaft mit der gleichen Aktion auf das andere Tor in Aktion usw.

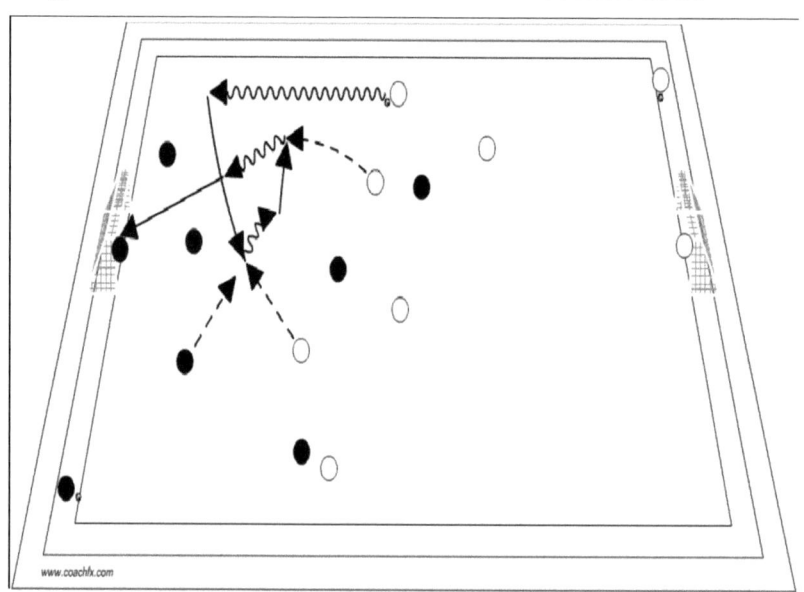

Mannschaft im Überzahl

Es wird z.B. 7 gegen 5 auf zwei besetzte Tore gespielt. Die Mannschaft in Überzahl darf nur mit jeweils drei Ballkontakten spielen. Nach einigen Minuten bekommt die andere Mannschaft die Überzahl und maximal drei Ballkontakte zugesprochen.

Diese Übung ist sehr anspruchsvoll und sollte maximal 2 x 5 Minuten gespielt werden, bevor das „freie Spiel" an die Reihe kommt.

 # Abschlussspiele der Kategorie 2

Handball-Kopfball-Volleyball

Es wird ein 30 x 20 Meter großes Feld mit zwei besetzten Toren errichtet. Zwei Mannschaften werden eingeteilt.

Ablauf: Der Ball darf nur mit den Händen gespielt werden. Tore dürfen nur mit dem Kopf erzielt werden oder nach einem Zuwurf mit einem Volleyschuss. Kopfballtore zählen allerdings doppelt. Mit dem Ball in der Hand dürfen nicht mehr als drei Schritte gemacht werden.

Variation: Rückpässe sind nicht erlaubt.

Spiel im Strafraum auf vier Tore

Ablauf: Es wird nur im Strafraum auf vier Minitore gespielt (siehe Abbildung auf der nächsten Seite).

Variationen: Tore zählen nur nach einem Direktspiel, Ballkontakte werden auf zwei oder drei begrenzt oder ein neutraler Spieler wird bestimmt. Dieser spielt immer für die Mannschaft in Ballbesitz.

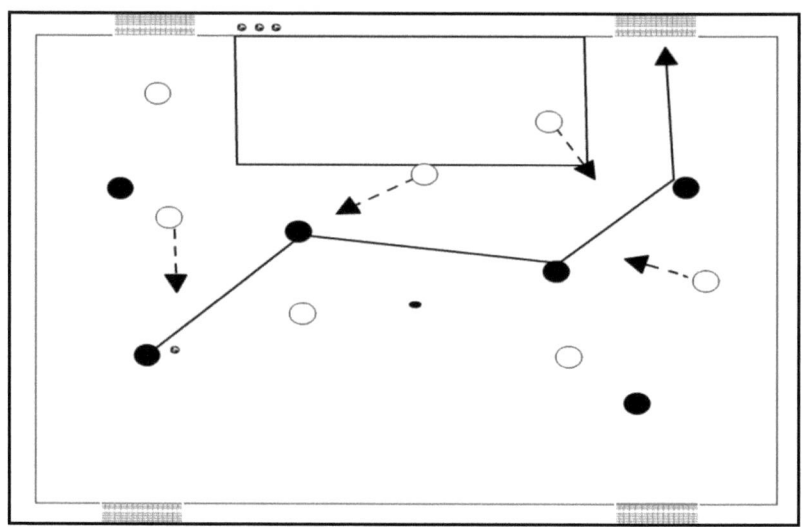

Zwei-Aufgabenspiel

Es wird ein 30 x 30 Meter großes Spielfeld mit vier Minitoren errichtet (siehe Abbildung auf der nächsten Seite). Eine Mannschaft besteht z.B. aus 8 Spielern, die andere aus 4.

Ablauf: Für z.B. 12 Zuspiele hintereinander erhält das Team in der Überzahl einen Treffer. Erobert die "kleine" Mannschaft den Ball, versucht sie einen Treffer im Minitor zu erzielen. Nach einigen Minuten werden vier andere Spieler für die Mannschaft in der Unterzahl bestimmt.

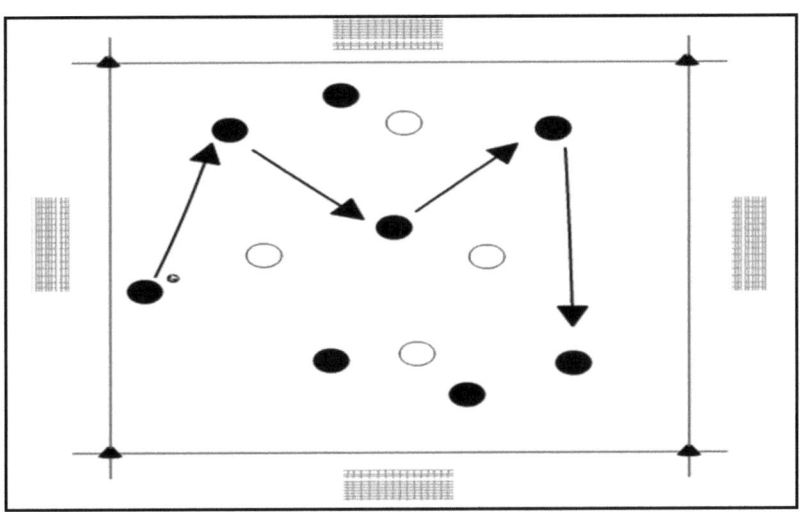

Spiegel-Fußball

Es wird ein Spielfeld mit zwei besetzten Toren errichtet, eventuell auch über eine ganze Platzhälfte. Zwei Mannschaften werden eingeteilt.

Ablauf: Eine Hälfte jeder Mannschaft wird als Stürmer eingeteilt und die andere Hälfte als Abwehrspieler. Stürmer dürfen nur im Sturm spielen, Abwehrspieler nur in der Abwehr. In jeder Mannschaft wird einem Stürmer auch ein Abwehrspieler zugeteilt.
Diese müssen im Spiel wie ein "Tandem" funktionieren. D.h. wenn die Stürmer angreifen, müssen die Abwehrspieler wie ein Schatten an ihrem Stürmer "kleben" und hinterherlaufen, aktives Eingreifen ist nicht erlaubt.

Abschlussspiele der Kategorie 2

Treten die Abwehrspieler in Aktion, muss der Stürmer versuchen, immer hinter seinem Abwehrspieler zu bleiben, und darf ebenfalls nicht aktiv werden (siehe Abbildung).

Das Spiel ist schwieriger als man denkt, und sollte auf wenige Minuten begrenzt bleiben.

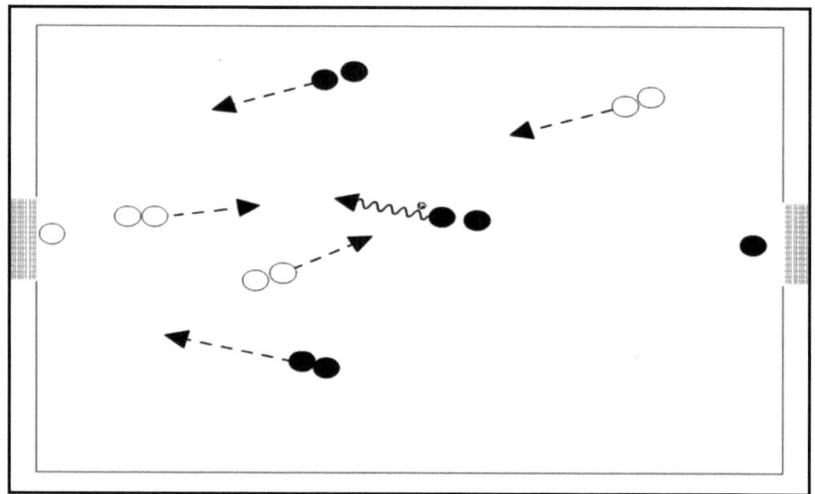

Rückpasspflicht

Auf einem Kleinfeld spielen zwei Mannschaften mit besetzten Toren gegeneinander. Die eine Mannschaft hat z.B. fünf Feldspieler, die andere aber nur vier. Erobert die Mannschaft in Überzahl den Ball, muss immer ein Rückpass erfolgen.

Der Mitspieler, der diesen Pass erhält, muss einen direkten Pass nach vorn spielen (nur so dürfen sie ein Tor schießen). D.h., wenn der Rückpass erfolgt, suchen die angreifenden Spieler sofort die „freien Räume". Es wird ohne Abseits gespielt (siehe Abbildung auf der nächsten Seite).

Abschlussspiele der Kategorie 2

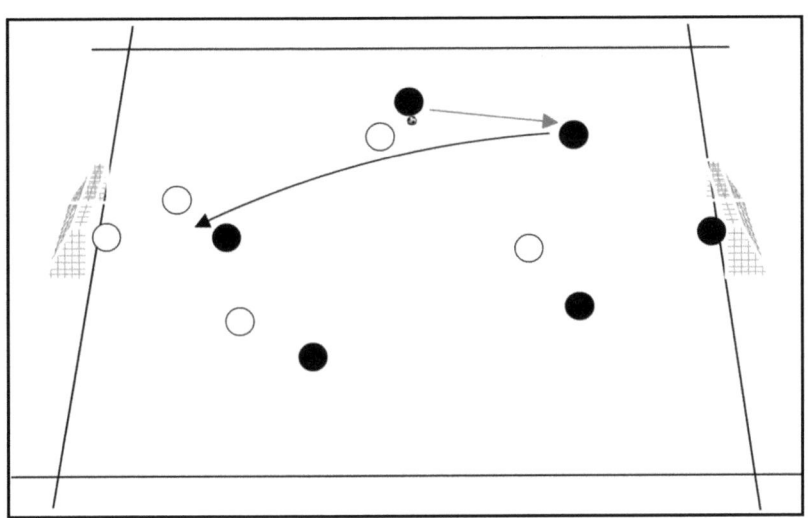

Variation

Eine Mannschaft spielt in Überzahl. Diese Mannschaft darf nur nach vorne spielen oder vorwärts dribbeln. Bei Missachtung dieser Regeln wechselt sofort der Ballbesitz. Die Mannschaft in Unterzahl weiß nun bei einem Ballverlust, dass der Gegner aggressiv nach vorne spielt, und sie damit blitzschnell von Angriff auf Abwehr umschalten muss.

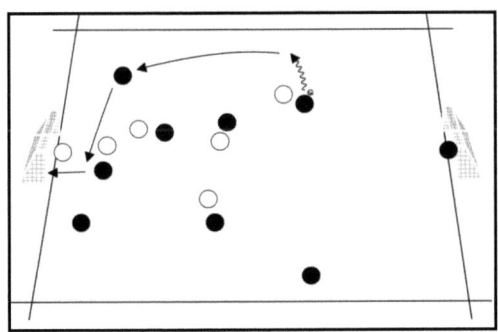

Abschlussspiele der Kategorie 2

Ausdauertraining im Spiel

Bei dieser Form des Trainingsspiels darf eine Mannschaft nur ein Tor erzielen, wenn alle Mitspieler (außer Torwart) sich in der gegnerischen Hälfte befinden. Bei dieser Regel sind alle Spieler mehr oder weniger gezwungen, sich ins Angriffsspiel mit einzuschalten. Des Weiteren wird hier ganz unauffällig das Training der fußballspezifischen Ausdauer eingebaut (diese Art des Abschlussspiels wird natürlich nach einem harten Konditionstraining vermieden, ein Training in den Erschöpfungszustand oder sogar in ein permanentes Übertraining könnte die Folge sein).

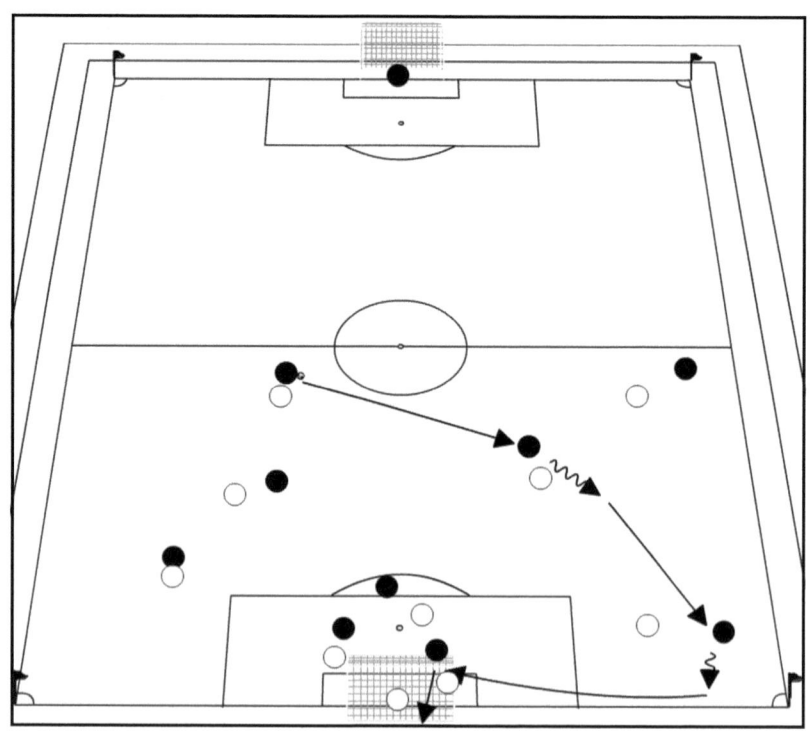

Abschlussspiele der Kategorie 3

Fußballkicker im Großformat

Die folgende Übungsreihe geht Schritt für Schritt an die höchsten kognitiven, spielerischen und technischen Anforderungen der Spieler. Selbst einige Bundesligaspieler gehen hier an ihre Grenzen.
Stößt eine Mannschaft hier an die Grenzen ihrer Leistungsfähigkeit, wird die Übungsreihe nicht weiter gesteigert. Die Übungsreihe kann auch schon bei D-Jugendlichen bis zu einem gewissen Grad eingesetzt werden. Sie vermittelt den jungen Spielern die Wichtigkeit von Positionswechsel, Direktspiel, Konterspiel und dem Nachteil von starren Spielpositionen (z.B. der Innenverteidiger soll nur hinten bleiben).

Übung 1

Eine Spielfeldhälfte mit zwei besetzten Toren wird quer in drei gleichgroße Felder unterteilt. D.h. für jede Mannschaft, die aus sieben bis zehn Spielern besteht, gibt es eine Abwehrzone, eine Mittelfeldzone und eine Angriffszone.
In jeder Zone befinden sich nun zwei bis drei Spieler. In der Abwehrzone sind es mit Torwart dann 3 bis vier Spieler.
Ablauf:
Es gelten nun folgende Regeln. Die Spieler dürfen ihre Zonen nicht verlassen, sondern nur den Ball in die nächste Zone passen (Kickerfußball). Der Ball darf auch über zwei Zonen gepasst werden. Auch ein Spiel über ein bis zwei Zonen zurück ist erlaubt. Aber die Spieler dürfen ihre Zonen

nicht verlassen. Hier soll den Spielern vermittelt werden, wie nachteilig ein statisches Spiel und das Einhalten von Positionen ist. Dies wird aber bei den folgenden Übungen noch stärker verdeutlicht.

Spieldauer: 5 bis 10 Minuten

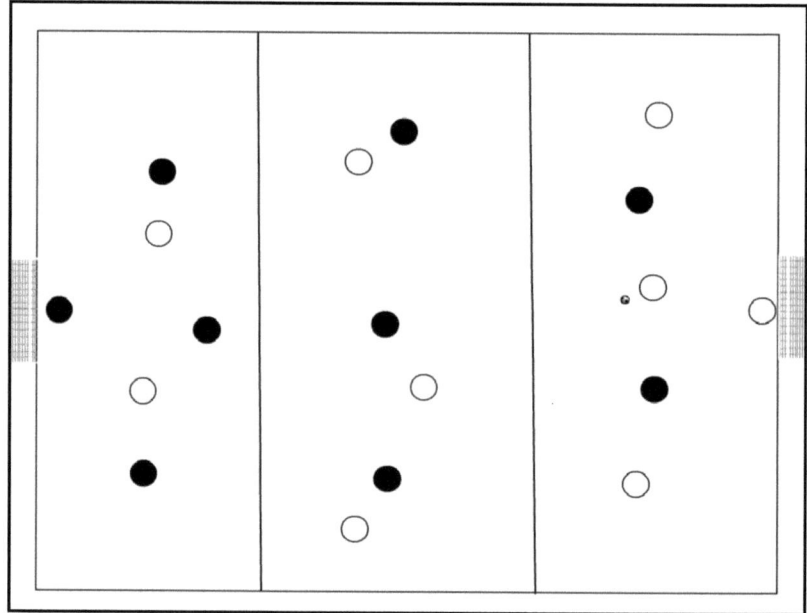

Übung 2

Bei einer Mannschaft darf nun ein Spielmacher aus dem Mittelfeld in allen Zonen agieren. Die andere Mannschaft erkennt schnell, dass sie nun deutlich im Nachteil ist.

Spieldauer 5 bis 10 Minuten

Abschlussspiele der Kategorie 3

Übung 3

Bei einer Mannschaft (und nur bei einer) darf nun die gesamte mittlere Zone das gesamte Spielfeld benutzen. Alle anderen Spieler müssen ihre Zone einhalten. Jetzt erkennen beide Mannschaften schnell, was ein laufbereites Mittelfeld bewirkt.
Spieldauer 5 Minuten

Übung 4

Bei einer Mannschaft bleibt die Zonenpflicht, die andere darf sich komplett frei bewegen. Vorsichtig muss die "freie" Mannschaft allerdings sein, gespielt wird ohne Abseits. Eine Absicherung nach hinten ist nötig.
Spieldauer 5 Minuten

Übung 5

In einer Mannschaft darf sich nur das Mittelfeld zonenfrei bewegen. In der anderen Mannschaft dürfen sich alle Spieler frei bewegen.
Spieldauer 5 bis 10 Minuten

Übung 6

In beiden Mannschaften darf sich nur das Mittelfeld in allen Zonen aufhalten.
Spieldauer 5 bis 10 Minuten

 # Abschlussspiele der Kategorie 3

Übung 7

Beide Mannschaften sind wieder an die drei Zonen gebunden. Allerdings hat eine Mannschaft in der Mittelfeldzone zwei Spieler mehr. Dafür dürfen die Spieler in Überzahl in der Mittelfeldzone nur direkt spielen. Hier soll verdeutlicht werden, dass ein Direktspiel in Überzahl von hohem Nutzen ist.
Spieldauer 5 bis 10 Minuten

Übung 8

Die Zoneneinteilung bleibt, aber alle Spieler dürfen sich frei bewegen. Eine Mannschaft hat aber zwei bis drei Spieler mehr. Diese Mannschaft darf aber im Mittelfeld immer nur zwei Ballkontakte pro Spieler haben. Also entweder Ballannahme und abspielen oder direkt abspielen.
Spieldauer 5 bis 15 Minuten

Übung 9

Gleiche Übung wie Übung 8, es wird aber im Mittelfeld nur direkt gespielt. Spieldauer 5 bis 10 Minuten

Übung 10

Wie Übung 8, jetzt darf die Mannschaft in Überzahl auch in der Angriffszone nur noch mit zwei Ballkontakten agieren.
Spieldauer 5 Minuten

 # Abschlussspiele der Kategorie 3

Abschlussspiel in Konterform vom Torwart

Das folgende Abschlussspiel verbindet man am besten mit vorhergehenden Übungen. Anschließend empfiehlt sich dann ein "freies Abschlussspiel".

Torwartgrundlagen und Übungen

Der Torwart ist oft der erste Spieler, der einen Konter direkt einleitet. Er hat einen Torschuss oder einen Kopfball sicher gehalten und erkennt, dass die gegnerische Mannschaft nicht komplett oder sofort auf ein organisiertes Abwehrverhalten umschaltet. Er sieht total freie Anspielstationen, die er sofort mit einem Abwurf oder Abschlag bedient.

Es könnte aber auch sein, dass ein gegnerischer Spieler sich beispielsweise den Ball kurz vor dem Torabschluss zu weit vorlegt und der Torwart mit einem direkten Pass den Mitspieler sucht.

Eine Mannschaft, die einen Torwart mit großem Überblick besitzt, der gleichzeitig nicht nur gut „hält", sondern genaue Pässe, Abstöße, Abwürfe und Abschläge tätigen kann, hat einen elften Feldspieler auf dem Feld.

Diese Mannschaft spielt also in einer permanenten Überzahl, zumindest in der Abwehr.

Torwart und Grundlagentraining des Konters

- Der Torwart trainert Innenseitstoß, Innenspannstoß und Vollspannstoß wie die Feldspieler, schon von frühester Jugend an.
- Abschläge und Abwürfe werden immer systematisch trainiert (Weite und Genauigkeit).

Abwurfübung

Der Torwart erlernt in der Jugend die Grundtechnik des Abwurfs. Im Laufe seiner Entwicklung wird die Wurfgenauigkeit und die Abwurfweite systematisch trainiert. Bei der ersten Übung beispielsweise steht der Torwart mit vielen Bällen im Sechzehner. Nun wirft er einen Ball nach dem anderen abwechselnd möglichst genau zu Fahnenstangen, die links, zentral und rechts vorm Strafraum aufgestellt werden. Die Entfernung wird dabei langsam vergrößert und seiner maximalen Reichweite angepasst.

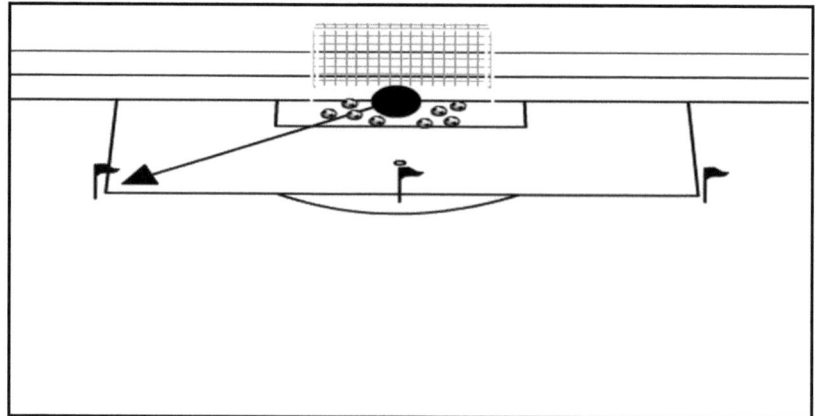

Variationen und Erhöhung des Schwierigkeitsgrades der vorhergehenden Übung

Die vorige Übung wird gleich durchgeführt, nun werden aber die Bälle **14 – 16 Meter zentral vor dem Tor** von einem Mitspieler aus beiden Händen heraus mit dem Vollspann zugeschossen. Die Schusskraft ist nur mittelstark, und der Ball soll hoch oder halbhoch relativ nah an den Torwart geschlagen werden. Er steht dabei zentral auf der Grundlinie. Der Torwart fängt den Ball sicher, läuft einige Meter mit dem Ball nach vorn oder zur Seite, und wirft den Ball wie in der vorhergehenden Übung gezielt zu den Fahnenstangen.

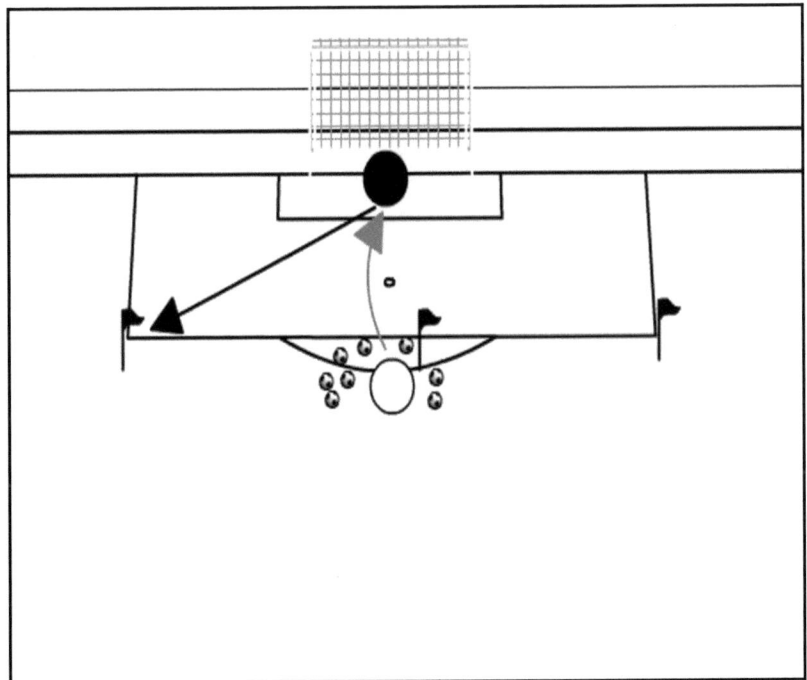

Jetzt wird der Ball von **16 – 20 Metern auf das Tor** geschossen. Der oder die Schützen sollen ernsthaft ein Tor erzielen wollen. Kann der Torwart den Ball halten und kontrollieren, wirft er wie bei den anderen Übungen den Ball ab.

Abschlussspiel

Die letzte Übung wird wieder wie zuvor durchgeführt, nur diesmal werden die drei Fahnenstangen durch drei Mitspieler ersetzt. Nach einem genauen Abwurf auf einen dieser Mitspieler, starten diese einen Konter auf das gegnerische Tor, das von einem Torwart und zwei Mitspielern verteidigt wird. Während des Angriffs postieren sich drei neue Spieler für den nächsten Angriff, der erst gestartet wird, wenn der vorige abgeschlossen oder abgewehrt worden ist.

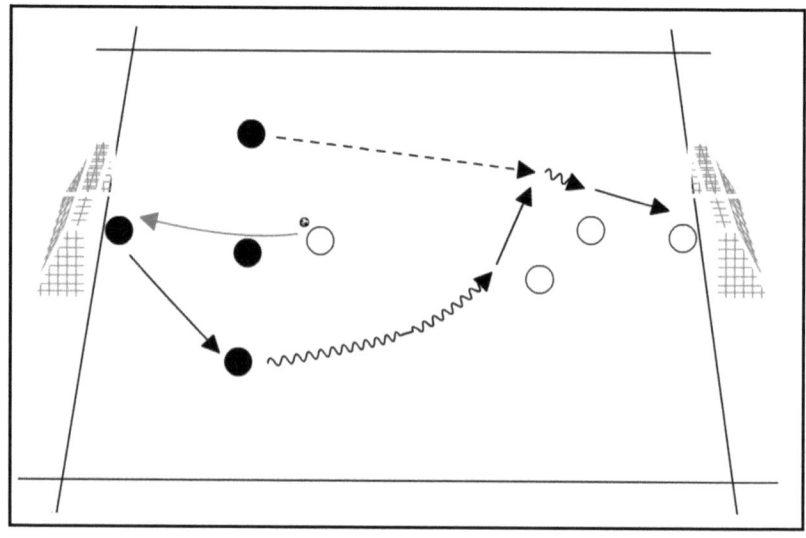

# Abschlussspiele der Kategorie 3

Bei Trainingsspielen soll der Torwart sofort, wenn er in irgendeiner Art und Weise den Ball sicher abfängt und kontrollieren kann, den Konter mit einem Abwurf einleiten. Seine Mitspieler müssen ihm natürlich sofort Anspielmöglichkeiten dazu schaffen.

Alle vorherigen Übungen werden in gleicher Weise, jetzt nur mit Torabschlag, trainiert. In der Ausbildung des Torwarts ist der Torabschlag von großer Bedeutung. Er soll nicht nur in „Kerzenform" ausgeführt werden, sondern mehr in horizontaler als in vertikaler Richtung. Hierdurch kann eine größere Weite und höhere Zielgenauigkeit erreicht werden. Weiterhin ist der Torabschlag in dieser Ausführung für die Spieler besser zu verwerten.
Die Gründe, warum wir vom Torabstoß keinen Konter trainieren, dürften klar sein.

Abschlussspiele für Umschalten von Abwehr auf Angriff (Konter) / Umschalten von Angriff auf Abwehr

Übung 1

Auf einem Kleinfeld mit besetzten Toren versuchen fünf Angreifer gegen drei Verteidiger ein Tor zu erzielen. Links und rechts neben dem Tor der Verteidiger steht noch jeweils ein Spieler (ein Spieler mit Ball).

Bei jeglichem Ballverlust (z.B. durch einen Ausball, Fehlpass, Torerfolg usw.) müssen zwei Stürmer den Platz verlassen.

Jetzt werden die drei Verteidiger zu Stürmern, und werden dabei von den beiden Spielern neben ihrem Tor sofort unterstützt. Diese beiden Mitspieler werden sofort zu Stürmern. Bei einem "Ausball" oder einem Tor bringt einer dieser beiden Spieler einen Ball sofort mit ins Geschehen und leitet den Angriff ein. Bei einem Ballverlust der Angreifer, bei dem der Ball im Spiel bleibt, leiten die Verteidiger auf dem Feld den Angriff ein, die Spieler neben dem Tor stoßen sofort zu dem Überzahlangriff hinzu.

Wird hier wieder der Ball verloren oder mit einem Tor abgeschlossen, wechselt die angreifende Mannschaft. Sie wird wieder von zwei weiteren Spielern unterstützt, und die jetzt wieder verteidigende Mannschaft nimmt zwei Spieler vom Feld.

Es empfiehlt sich, hier mit drei „festen Verteidigern" zu spielen. Diese wechseln also permanent von Verteidigung auf Angriff und umgekehrt. Bei jedem Angriffswechsel wird die angreifende Mannschaft also von zwei "frischen" Stürmern ergänzt.

Hier wird nicht nur der Konter trainiert, sondern auch das schnelle Umschalten von Angriff auf Abwehr und die fußballspezifische Ausdauer.

Nach einer gewissen Zeit werden die drei Stammspieler jeder Mannschaft ausgetauscht.

Diese Übung macht allen Spielern erfahrungsgemäß sehr viel Spaß und beinhaltet einen enormen Lernprozess.

Übung 2

Die gleiche Übung kann auch mit drei Angreifern gegen zwei Verteidiger gespielt werden bzw. auch in anderen Kombinationen wie 2 gegen 1.

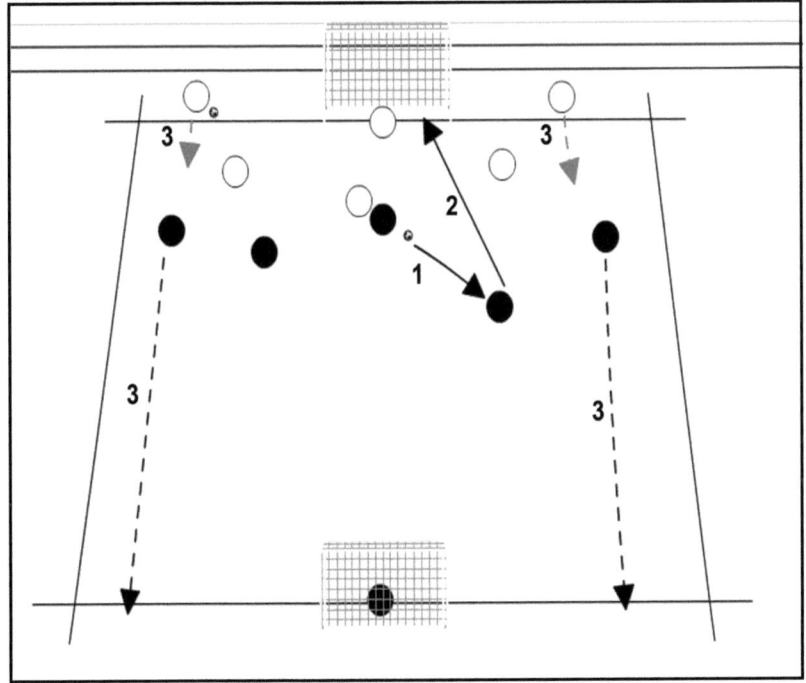

Übung 3

Bei dieser Übung werden abwechselnd von der linken und rechten Seite, Flanken in den Strafraum geschlagen. Hierbei wird variiert zwischen hohem, halbhohem und flachem Zuspiel. Die Flanken erfolgen aus der Bewegung, Freistößen und Eckbällen. Zwei Angreifer starten dabei in den Torraum, der mit vier Verteidigern und einem Torwart besetzt ist, und sollen die Flanken verwerten. Ein offensiver Mittelfeldspieler lauert hinter den Stürmern, wartet auf Distanzschüsse und sichert gleichzeitig zwei Hütchentore, links und rechts hinter sich, ab. Fangen die Verteidiger den Ball ab, starten sie sofort einen Konterangriff in Richtung der beiden kleinen Hütchentore, und versuchen, ein Tor zu schießen.

Das Kontertor muss in einer reinen Vorwärtsbewegung erzielt werden. Bei einem Torabschluss oder erfolgreicher Abwehr durch die Stürmer und dem offensiven Mittelfeldspieler, wird erneut mit einer Flanke begonnen.

Die Übung verläuft ab der B-Jugend über die gesamte Spielfeldbreite auf das große Tor. Die Spielfeldlänge beträgt hier etwa 30 – 40 Meter.

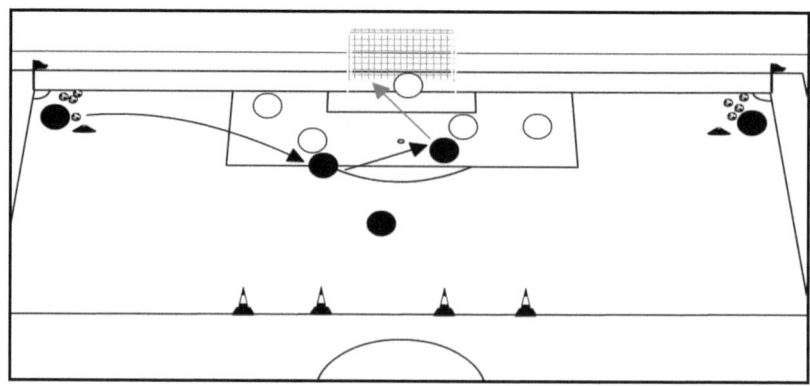

Abschlussspiele der Kategorie 3

Übungn 4

Die nächste Übung kann auch in kleineren Gruppen absolviert werden, indem die rechte Spielfeldhälfte mit Hütchen verkleinert wird.

Übungsaufbau:
- Ganzes Spielfeld
- 2 Teams mit jeweils 5-7 Spielern bilden
- Alle Spieler befinden sich in einer Hälfte, dessen Tor nicht besetzt ist

Übungsablauf:
- Die beiden Mannschaften spielen „auf Ballhalten" gegeneinander in einer Spielfeldhälfte.
- Auf ein Trainerkommando versucht die Mannschaft in Ballbesitz einen schnellen Kontor auf das mit einem Torwart besetzte Tor.
- Die andere Mannschaft versucht den Kontor abzufangen.
- Nach dem Torschuss oder dem Abfangen des Kontors beginnt das Spiel wieder in der Hälfte ohne Torwart.

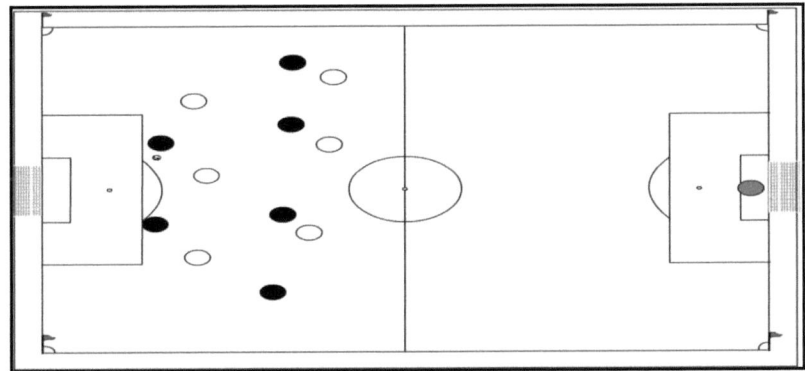

Feuerfußball

Ballsicherheit und Kombinationsstärke sind für den Zuschauer nur kurzfristig schön anzusehen, wenn kein Zug zum Tor erkennbar ist. Deswegen sollen beim Feuerfußball im Abschlussspiel die Tore im Zentrum des "Tun" stehen. Eine geeignete Spielform, um den klaren Torerfolg zu trainieren, ist ein 5 gegen 5 oder 6 gegen 6. Das Spielfeld sollte die Größe von etwa 40 Meter Länge und 35 bis 40 Meter Breite nicht übersteigen (siehe Abbildung auf der nächsten Seite).

Gespielt wird auf große Tore mit festen Torleuten, Ziel ist der schnelle Abschluss und die Verhinderung jeglicher Schuss- und Verteidigungsmöglichkeiten für die gegnerische Mannschaft. Diese Spielform muss intensiv und ohne Pausen gespielt werden (am besten viele Bälle in die Tore legen, damit ein ins Aus geschossener Ball sofort wieder ins Spiel gebracht werden kann).

Das Spiel kann bei voller Intensität nur 5 - 6 Minuten gespielt werden oder es wird ständig gewechselt. Wird nicht permanent gewechselt, sollte eine Pause von 2-3 Minuten folgen. Diese Spielform kann mit entsprechenden Pausen zwei- oder dreimal wiederholt werden (bei Jugendmannschaften höchsten zweimal). Hierbei wird außerdem die fußballspezifische Ausdauer trainiert.

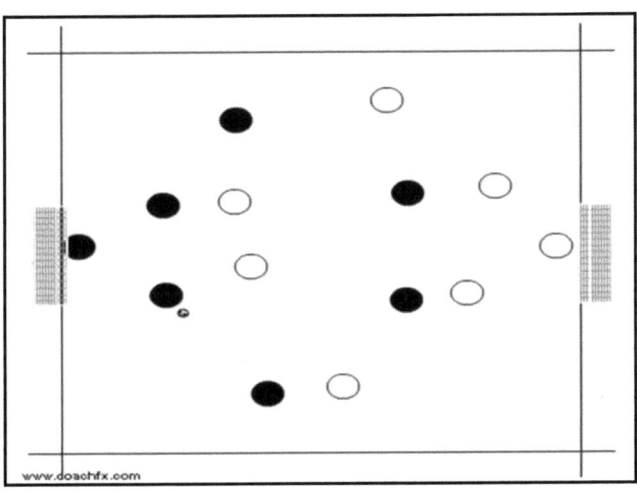

Elf gegen Elf

Die wohl wichtigste Form des Abschlussspiels ab der C-Jugend ist das Spiel „11 gegen 11", so wie es am Spieltag auch gefordert wird. Es ist also von besonderer Bedeutung, regelmäßig mit elf Spielern auf einem Originalspielfeld zu trainieren, falls dies organisatorisch möglich ist (wettkampfnahes Training in perfekter Form).

Hierbei kann man taktische Anweisungen in Defensive und Offensive perfekt einstudieren. Deshalb ist es wichtig, die Mannschaften mit Disziplin und klaren Ansagen zum Abschlussspiel auf den Platz zu schicken.

 # Abschlussspiele der Kategorie 3

Elf gegen Null

Hervorragend zum „Einspielen" einer Mannschaft eignet sich ein 11 gegen 0, das auch im Profifußball sehr oft praktiziert wird. Im Amateurbereich ist diese Form eines Abschlussspiels erst ab einer guten Bezirksliga-Mannschaft sinnvoll.

Eine Mannschaft positioniert sich in taktischer Grundordnung auf, und führt Angriffe ohne Gegner aus, um Laufwege und Passkombinationen perfekt zu automatisieren.

Genauso kann das Defensivspiel in dieser Trainingsform perfektioniert werden, indem der Trainer oder die Trainerin die aktuelle Position eines virtuellen Balles verbal vorgibt, und die Mannschaft entsprechend verschieben muss. Anschließend werden diese Abläufe gegen einen halbaktiven Gegner gefestigt, bevor man in einem Spiel 11 gegen 11 alles auf die "harte" Probe stellt.

Angriffspressing

Warnung: Angriffspressing und extremes Angriffspressing sollten nur von Mannschaften praktiziert werden, die sich konditionell auf höchstem Niveau befinden, frühestens aber ab einer A-Jugend Mannschaft (diese muss natürlich ebenfalls vollkommen austrainiert sein).

Angriffspressing kann natürlich mit Abschlussspielen elf gegen elf perfekt trainiert werden. Lesen Sie dazu das folgende Kapitel mit den beschriebenen Übungen, Abschlussspielen und Tipps sehr aufmerksam.

Abschlussspiele der Kategorie 3

Sofortiges Umschalten von Angriff auf Abwehr bei Ballverlusten in der Nähe des gegnerischen Tores / Angriffspressing /extremes Angriffspressing

Bei einem Ballverlust weit in der gegnerischen Hälfte ziehen sich bei vielen Mannschaften im Amateurbereich die Abwehr- und Mittelfeldspieler schnell zurück und bauen in der eigenen Hälfte eine stabile Abwehr auf. Der Gegner wiederum versucht einen schnellen Angriff oder beginnt einen langsamen Spielaufbau.

Bei dem sich ständig wiederholenden Abwehrverhalten kann der Gegner sich schnell darauf einstellen und kontrollierte Angriffe vortragen.

Bei einem Ballverlust direkt an einen Gegenspieler in der Nähe des gegnerischen Tores kann aber auch mit einem Überraschungseffekt reagiert werden.

Dieses blitzschnelle Umschalten von Angriff auf Abwehr kann besonders unsichere Verteidiger zu einem kompletten Fehlverhalten nötigen und den erwünschten Torerfolg bescheren.

Dieses massive Angriffspressing muss aber direkt oder indirekt von der gesamten Mannschaft durchgeführt werden. Deswegen wird dieses explizit im Training trainiert.

Mit der Taktik des extremen Forecheckings, besonders bei Ballverlusten am gegnerischen Sechzehner, können sogar stärkere Mannschaften verunsichert und besiegt werden.

Das extreme Angriffspressing kostet natürlich sehr viel Kraft und kann nicht 90 Minuten aufrechterhalten werden.

Deswegen kann der Trainer z.B. bestimmen, wir pressen

vorne nur, wenn der Ball an einen „schwachen" Verteidiger unerwartet verloren wird.

Aber kommen wir an dieser Stelle erst einmal zu den theoretischen Grundlagen.

Forechecking

Forechecking (engl. Bez.) oder zu Deutsch Angriffsverteidigung, ist eine spieltaktische Variante im Sport, die zuerst im Eishockey verwendet wurde und später auch im Fußball. Forechecking bezeichnet das frühzeitige Stören bzw. Attackieren des gegnerischen Angriffs bereits in der gegnerischen Hälfte bzw. Drittel (Eishockey).

Diese spieltaktische Variante erfordert gute konditionelle Fähigkeiten, vor allem der Mittelfeldspieler und Stürmer, da diese überwiegend das Forechecking ausführen.

Forechecking ist weiterhin unter dem Begriff **„Angriffspressing"** bekannt.

Beim Forechecking wird der Gegner frühzeitig in seiner eigenen Hälfte angegriffen und zu Fehlern im Spielaufbau genötigt. Die Spieler müssen fähig sein, diese Situationen zu erkennen, um einen schnellen Ballgewinn zu erreichen. Beim Ballgewinn entsteht die Möglichkeit, sofort zum Torabschluss zu kommen, weil man sich bereits weit in der gegnerischen Hälfte befindet.

Abschlussspiele der Kategorie 3

Diese taktische Variante ist kräftezehrend und kann meistens nur kurzzeitig (Ausnahmen werden noch erörtert) angewendet werden.

Schlechtes Angriffspressing sieht man häufig und endet oft in einer „Katastrophe". Die verteidigende Mannschaft attackiert den Gegner planlos, ohne dass ein wirkliches Doppeln entsteht.
Die Abstände zum Gegner sind hier in der Regel zu groß. Der Gegner entkommt mit schnellen Kombinationen und kann das Mittelfeld schnell überbrücken. Hier ist der Gegner dann oft mit zwei bis drei Anspielstationen vor dem eigenen Tor.

In der Grafik auf der nächsten Seite erkennen wir das grundlegende Verhalten der Mannschaft, bei einem Angriffspressing etwa 30 Meter vor dem gegnerischen Tor.
Die Mannschaft spielt in einem 4:4:2 System und setzt den gegnerischen linken Außenverteidiger massiv unter Druck. Der Außenverteidiger wird gedoppelt und alle möglichen Anspielstationen werden durch Verschieben zugestellt.

Beim Angriffspressing handelt also die gesamte Mannschaft weit vor dem eigenen Tor mit dem Ziel den ballführenden Gegenspieler zu umzingeln, und dadurch den Ballgewinn zu erpressen.

Dadurch schafft die Mannschaft ideale Bedingungen für ein schnelles Tor.

Grundlegendes Verhalten beim Angriffspressing

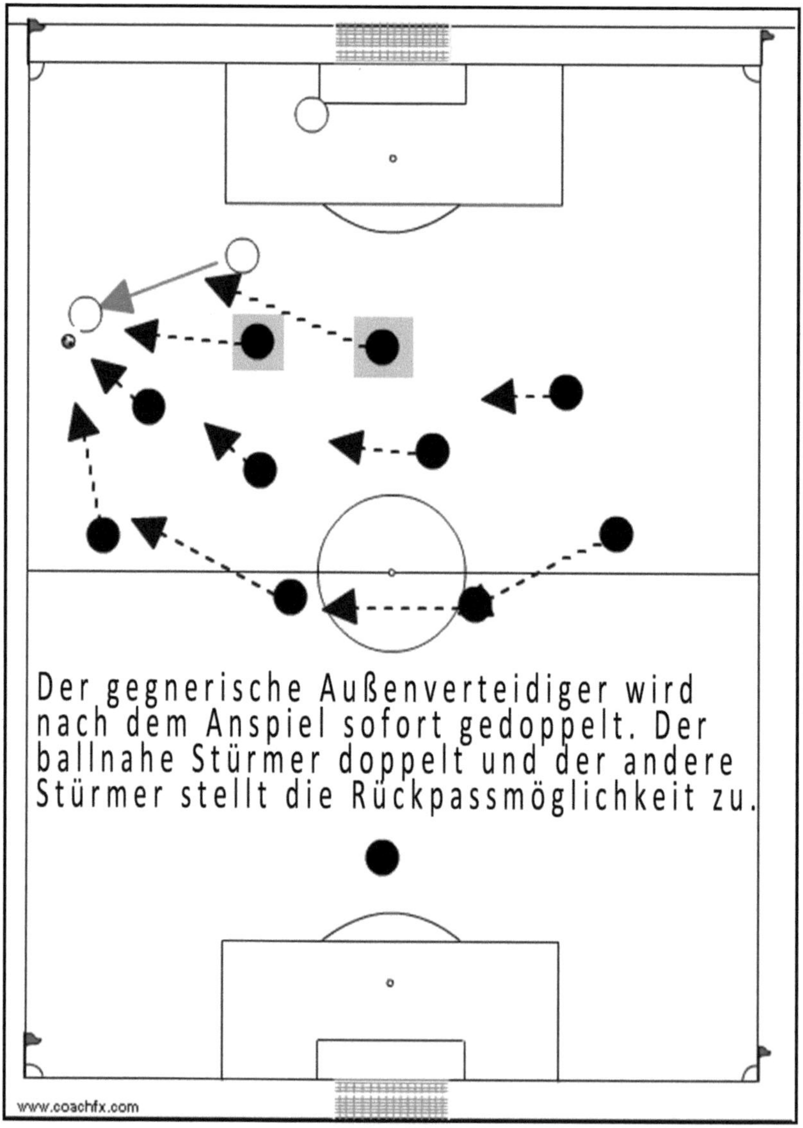

Der gegnerische Außenverteidiger wird nach dem Anspiel sofort gedoppelt. Der ballnahe Stürmer doppelt und der andere Stürmer stellt die Rückpassmöglichkeit zu.

www.coachfx.com

Abschlussspiele der Kategorie 3

Beim Forechecking müssen die Spieler eine hohe Laufbereitschaft mitbringen, weil sie sich immer wieder Richtung Ball bewegen und bei einem Versagen des Pressings sofort in die Defensive umschalten. Gelingt das nicht, kann der Gegner blitzschnell einen Konter durchführen.

Ein Pressing kann direkt nach Spielbeginn der ersten oder zweiten Halbzeit, bei einem Rückstand oder als taktische Variante urplötzlich während des Spiels ausgeführt werden.

Gegen eine wesentlich schwächere Mannschaft kann ein Forechecking auch über einen längeren Zeitraum sofort eingesetzt werden, um das Spiel früh zu entscheiden. Weiterhin kann gegen eine solche Mannschaft ein Angriffspressing auch über einen wesentlich längeren Zeitraum durchgehalten werden, weil Ballverluste des Gegners wahrscheinlicher sind und damit die Laufarbeit auch geringer.

Der Zeitpunkt des Pressings wird in der Regel vom Trainer oder einem ausgewählten Spieler allein bestimmt. Der optimale Zeitpunkt des Forecheckings ist das Anspiel eines zentralen Abwehrspielers auf einen relativ schwachen Außenverteidiger. Einen Außenverteidiger kann man logischerweise mit weniger Mitspielern zustellen, als einen zentralen Gegenspieler. Erkennt der Trainer einen gegnerischen Außenverteidiger, der einen ganz schwachen Tag erwischt hat, bietet es sich an, dass er ganz spontan ein Angriffspressing anordnet, wenn dieser angespielt wird.

Auf Kommando des Trainers verschieben alle Spieler Richtung ballführenden Außenspieler. Der Stürmer mit der größten Entfernung zum Ball stellt die Rückpassmöglichkeit des Außenverteidigers zu. Der Stürmer mit der kürzeren Entfernung zum Ball doppelt den Verteidiger mit Ballbesitz zusammen mit dem entsprechenden äußeren Mittelfeldspieler. Die anderen Mitspieler stellen schnellstens alle Anspielstationen zu.

Der eigene Torwart rückt weit vor, um z.B. geschickte Pässe des Gegners über die Abwehrkette abzufangen.

Merke: Wie weit der eigene Torwart wirklich vorrücken soll, ist entscheidend davon abhängig, in welcher Liga wir uns befinden, ob Jugend- oder Seniorenbereich, welche Schusskraft der Gegner hat und wie schnell und gut der Torwart ist.

In einer Jugendmannschaft kann der Torwart relativ weit vorrücken, da es hier in der Regel keine Spieler gibt, die einen Torschuss über 70 – 80 Meter abgeben können. Bei Seniorenmannschaften in unteren Klassen wird es auch fast keine Spieler mit einer riesigen und so genauen Schusstechnik geben.

In den höheren Ligen sieht das anders aus. Hier muss der Torwart immer mit einem gewaltigen Weitschuss rechnen. Es gibt Fußballer, die einen Ball 80 – 100 Meter weit und noch relativ genau schießen können. Der Torwart wird hier über die Gegenspieler mit dieser enormen Schusskraft informiert und behält diese Spieler im Auge.

Bei einem Zuspiel dieser besagten Fußballer reduziert der Torwart im Rückwärtsgang die Entfernung zum eigenen Tor um einige Meter.

Kommen wir zurück zur Erläuterung des grundlegenden Verhalten beim Forechecking (siehe Grafik Seite 87).
Die Innenverteidiger sind die einzigen Feldspieler in der eigenen Spielfeldhälfte etwas hinter der Mittellinie. Die Außenverteidiger rücken in die gegnerische Hälfte vor und die Mittelfeldspieler postieren sich massiv im zentralen Mittelfeld. Die äußeren Mittelfeldspieler sind recht weit innen justiert und erzwingen dadurch sehr oft einen Spielaufbau über die gegnerischen Außenspieler.
Die entscheidenden Faktoren im Angriffspressing sind nun, dass schon beim Zuspiel auf den Außenverteidiger, alle Spieler sofort ihre Pressingaufgabe erfüllen. Sofort stellt der Stürmer die Rückpassmöglichkeit zu und der Außenverteidiger wird gedoppelt.
Scheitert allerdings das Doppeln und der Gegner kann den Ball sicher unter Kontrolle bringen, wird das Pressing abgebrochen (was aber nicht die Regel ist). Der Außenverteidiger wird jetzt nur von einem Spieler angegriffen und der nächst angespielte Gegenspieler wird gedoppelt. Die Rückpassmöglichkeit bleibt logischerweise versperrt. Setzt der Außenverteidiger zu einem Dribbling nach hinten an, um sich aus der Gefahr zu befreien, so wird das Pressing von der ganzen Mannschaft eingehalten und der Außenverteidiger weiter gestresst.

Beim Forechecking sollte dem Gegner eine Falle gestellt werden. Bestimmte Spieler werden locker oder überhaupt nicht gedeckt. Das sieht dann nach einem sicheren Anspiel für den Gegner aus. Es wurde aber vorher abgeklärt, dass zum Zeitpunkt eines Anspiels auf diese Spieler ein Forechecking durchgeführt wird. Sofort wird der Torwart zugestellt und der ballführende Spieler attackiert. Alle weiteren Maßnahmen des Pressings werden eingeleitet. Der Gegner ist überrascht und wird unter Umständen zu einem schnellen Ballverlust genötigt.

Diese Art des Angriffspressing bietet sich besonders bei einer gegnerischen Mannschaft an, die in der Abwehr relativ unsichere Spieler hat. Diese Gegenspieler werden nach Absprache und Einläuten des Pressings nur locker oder gar nicht gedeckt. Beim Anspiel ist die Wahrscheinlichkeit einer Balleroberung wesentlich höher.

Vorbereitende Übung zum Angriffspressing

Gespielt wird auf zwei kleine Tore über den halben Platz mit zwei festen Torhütern und fünf Feldspielern. Der Torwart muss bei Ballbesitz und beim Abstoß, den nur er ausführen darf, immer einen der beiden Außenverteidiger anspielen. Die Stürmer der gegnerischen Mannschaft setzen die Außenverteidiger zunächst nicht sonderlich unter Druck.

Auf ein Kommando des Trainers erfolgt sofort beim Anspiel des Außenverteidigers ein Pressing.

Auf Kommando des Trainers erfolgt aber sofort beim Anspiel des Außenverteidigers ein Pressing. In diesem Beispiel doppeln Spieler C und D den rechten Außenverteidiger, Spieler D stellt gleichzeitig den Torwart zu, Spieler B nimmt den ursprünglichen Gegenspieler von D in Manndeckung (wobei er seitlich zwischen Gegenspieler 4 zum eigenen Tor steht und auch einen direkten Flachpass zu Gegenspieler 3 abfangen kann) , Gegenspieler 5 wird von Spieler A und E gedoppelt, wobei Spieler E auch wieder den Raum zu Spieler 3 zustellt. Der Torwart rückt aus seinem Tor vor und fängt mögliche lange Bälle ab.

Bei einem wirklichen langen, hohen und relativ genauen Pass auf Spieler 3, den der Torwart auch nicht erlaufen kann, verschieben die Spieler in die entsprechenden Positionen zurück (der Ball ist schließlich eine Zeit unterwegs und muss vom Spieler 3 auch noch unter Kontrolle gebracht werden.

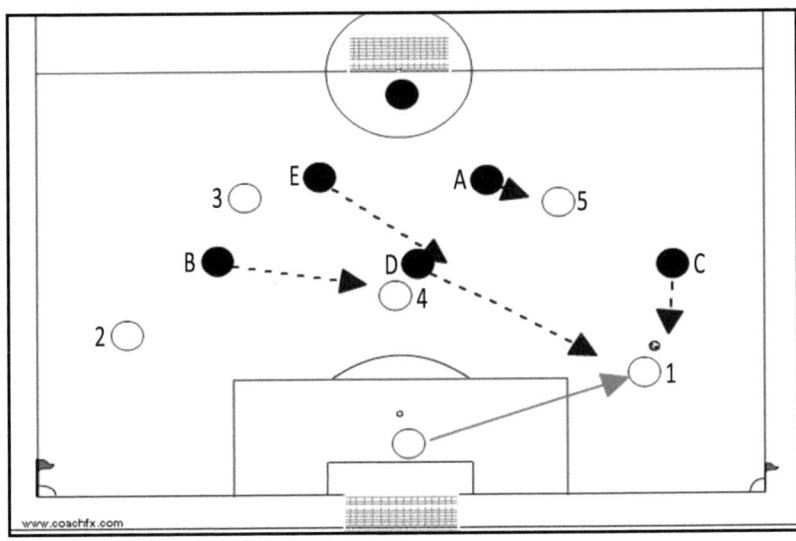

# Abschlussspiele der Kategorie 3

Wie wird reagiert, wenn das Pressing scheitert?

Beispiel A:
Der Außenverteidiger spielt den Ball noch rechtzeitig zum Torwart zurück und dieser schlägt den Ball nach vorn. Wahrscheinlich kann der Torwart den langen Ball abfangen und die Außenverteidiger bieten sich in der Rückwärtsbewegung über außen an usw. Die Balleroberung war trotzdem erfolgreich.

Beispiel B:
Der Torwart oder der Spieler 1 schafft es, einen kontrollierten Ball auf Spieler 3 zu spielen. Jetzt besteht ernsthafte Gefahr für das eigene Tor. Der Torwart läuft rückwärts Richtung eigenes Tor, Spieler E stellt den Spieler 3, Spieler D übernimmt den Spieler 4, Spieler C und E ziehen sich zurück und ihre Reaktionen sind abhängig vom weiteren Spielverlauf und Spieler A bleibt bei Spieler 5.

Beispiel C:
Der Gegenspieler mit der Nummer 1 umspielt beide Spieler C und D. C sprintet jetzt nach hinten und versucht, die 1 erneut zu stellen. E bleibt bei der 5, A attackiert die 1 zusätzlich, Spieler D deckt jetzt die 4 und Spieler B stellt jetzt die 3.

Den Spielern muss aber verdeutlicht werden, dass sie nicht mechanisch reagieren dürfen, den Spielverlauf beobachten und sich dementsprechend verhalten müssen, denn hier klaffen Theorie und Praxis oft weit auseinander.

Übungen zum normalen Angriffspressing

Übung 1 (Pressing über die Seite)

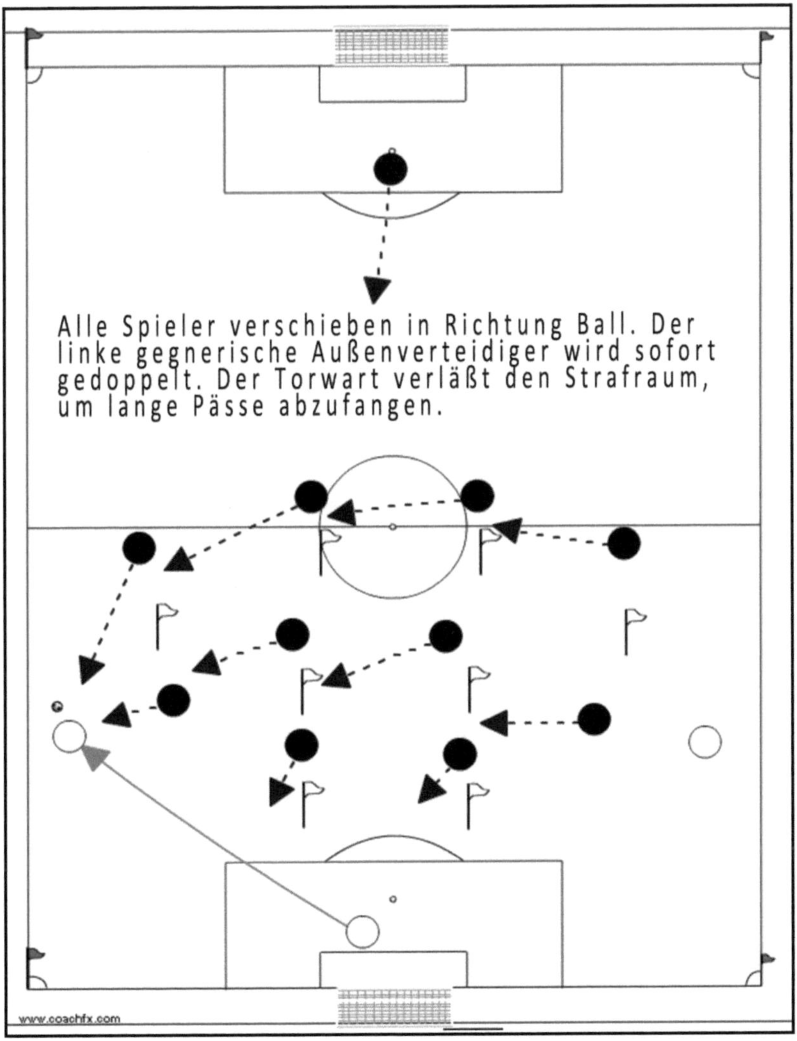

Alle Spieler verschieben in Richtung Ball. Der linke gegnerische Außenverteidiger wird sofort gedoppelt. Der Torwart verläßt den Strafraum, um lange Pässe abzufangen.

www.coachfx.com

Übungsaufbau und Ablauf:

Diese Übung erfolgt über das gesamte Spielfeld. Zunächst werden die Pylonen oder noch besser die Fahnenstangen in der gegnerischen Hälfte aufgestellt. Jede Fahne steht für einen Gegenspieler. Nur die Außenverteidiger des Gegners werden mit echten Spielern besetzt. Die komplette Mannschaft nimmt ihre Position für ein bevorstehendes Angriffspressing ein. Der Trainer simuliert den Torwart, der einen Außenverteidiger anspielt. Jetzt müssen alle Spieler, z.B. wie auf der Zeichnung, ihre neuen Positionen einnehmen. Diese Übung wird solange wiederholt, bis jeder Spieler seinen Laufweg begriffen hat.

Genau an dieser Stelle erklärt der Trainer noch einmal ausführlich, dass die Verschiebungen nur theoretisch sind und der Gegner in einem wirklichen Spiel anders aufgestellt sein kann und sich daraus etwas andere Verschiebungen ergeben können.

Durch das heftige Attackieren des Außenverteidigers und das Zustellen möglicher Anspielstationen ist nun ein schneller Ballgewinn möglich. Daraus ergibt sich wahrscheinlich eine Torchance, da man sich ja nur etwa 30 Meter vor dem gegnerischen Tor befindet. Einen Rückpass auf den Innenverteidiger oder sogar dem Torwart können die beiden Stürmer eventuell direkt abfangen.

Variation 1:

Nachdem die Spieler nun verschoben haben, soll der Außenverteidiger versuchen, einen sicheren Rückpass zum Torwart zu spielen. Die Spieler sollen jetzt richtig in die Ausgangslage zurückschieben.

Variation 2:

Alle Spieler schieben zurück, außer der linke Stürmer, der jetzt den Torwart mit maximaler Geschwindigkeit anläuft und ihn so eventuell zu einem unkontrollierten Weitschuss provoziert.

Variation 3:

Als nächstes versucht der linke Außenverteidiger einen sicheren Pass auf den Torwart, der diesen sofort an den rechten Außenverteidiger weiterleitet. Hier muss die komplette Mannschaft jetzt rüberschieben und erneut pressen.

Sie sollen dabei auch erkennen, dass das Verschieben bereits beginnt, obwohl der Ball noch unterwegs ist.

Diese Trainingsübung wird wiederholt, bis alle Mannschaftsteile die Grundform des normalen Angriffspressing begriffen haben.

Übung 2: Angriffspressing (zentral)

Auf der nächsten Grafik erkennen wir ein Angriffspressing bei einem Zuspiel auf einen gegnerischen Innenverteidiger. Die Räume können hier nicht so eng gemacht werden, wie beim Pressing über die Seite.

Die Pressingbemühungen können hier durch ein gutes „Spiel ohne Ball" vom Gegner aufgelöst werden und zu einem schnellen Gegenkonter führen.

Diese Art von Pressing bedeutet in der Regel ein Risiko und findet z.B. Anwendung, wenn kurz vor Schluss ein Tor erzwungen werden soll oder wenn der Gegner wesentlich schwächer ist. Bei einem wesentlich schwächeren Gegner geht die Mannschaft hier kein hohes Risiko ein.

Aus diesem Grund sollte auch das zentrale Pressing einstudiert werden.

Die Art des Pressings erfolgt wieder über das gesamte Spielfeld. Zunächst werden die Pylonen oder noch besser die Fahnenstangen in der gegnerischen Hälfte aufgestellt. Jede Fahne steht für einen Gegenspieler. Die komplette Mannschaft nimmt ihre Positionen für ein bevorstehendes Angriffspressing ein. Der Trainer simuliert den Torwart, der einen Innenverteidiger anspielt.

Jetzt müssen alle Spieler, wie auf der Zeichnung ihre neuen Positionen einnehmen. Diese Übung wird solange wiederholt, bis jeder Spieler seinen Laufweg begriffen hat.

Der Trainer legt hier allerdings fest, welche Gegenspieler die Innenverteidiger und Defensivmittelfeldspieler übernehmen.

Zentrales Angriffspressing

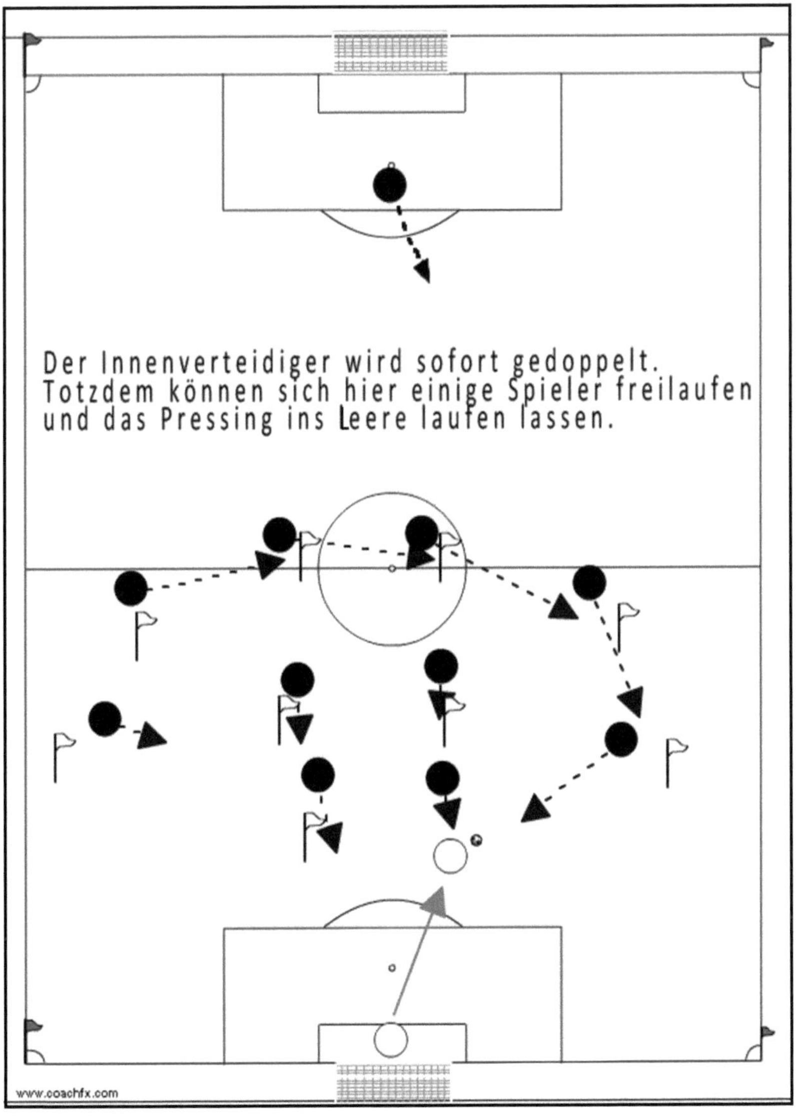

Der Innenverteidiger wird sofort gedoppelt. Totzdem können sich hier einige Spieler freilaufen und das Pressing ins Leere laufen lassen.

www.coachfx.com

Abschlussspiele der Kategorie 3

Pressing mit "weiten Bällen"

Es gibt allerdings noch weitere Varianten des Angriffspressings.

Bei einer Variante spielt die Mannschaft bewusst weite Bälle aus der Abwehr heraus in den Rücken der gegnerischen Viererkette. Die gesamte Mannschaft setzt nach und eine Art Angriffsspiel wird eingeleitet.

Der Gegner fällt sofort hinter den Ball und muss das Spiel umstellen.

Diese Angriffstaktik bietet sich bei relativ schwachen gegnerischen Abwehrspielern und bei einem hohen Anteil sprintstarker Mannschaftsteile an.

Sie findet jedoch auch Anwendung bei Gegnern, die kein eigenes Aufbauspiel zulassen.

Nach dem langen Pass sprinten die Offensivkräfte nach vorn und attackieren die sich zurückziehenden und vermutlich in Ballbesitz kommenden gegnerischen Verteidiger. Auch alle anderen Spieler rücken schnell auf und stellen mögliche Anspielstationen zu.

Bei einem weiten Pass des Gegners in die andere Hälfte steht dieser dann im Abseits.

Der eigene Torwart rückt ebenfalls vor und kann lange Bälle zusätzlich abfangen.

Der weite Pass muss allerdings sehr genau in den Raum gespielt werden, damit der Torwart ihn nicht erlaufen kann. Spielt ein Verteidiger den Ball zum Torwart, wird dieser sofort angegriffen.

Pressing mit "weiten Bällen"

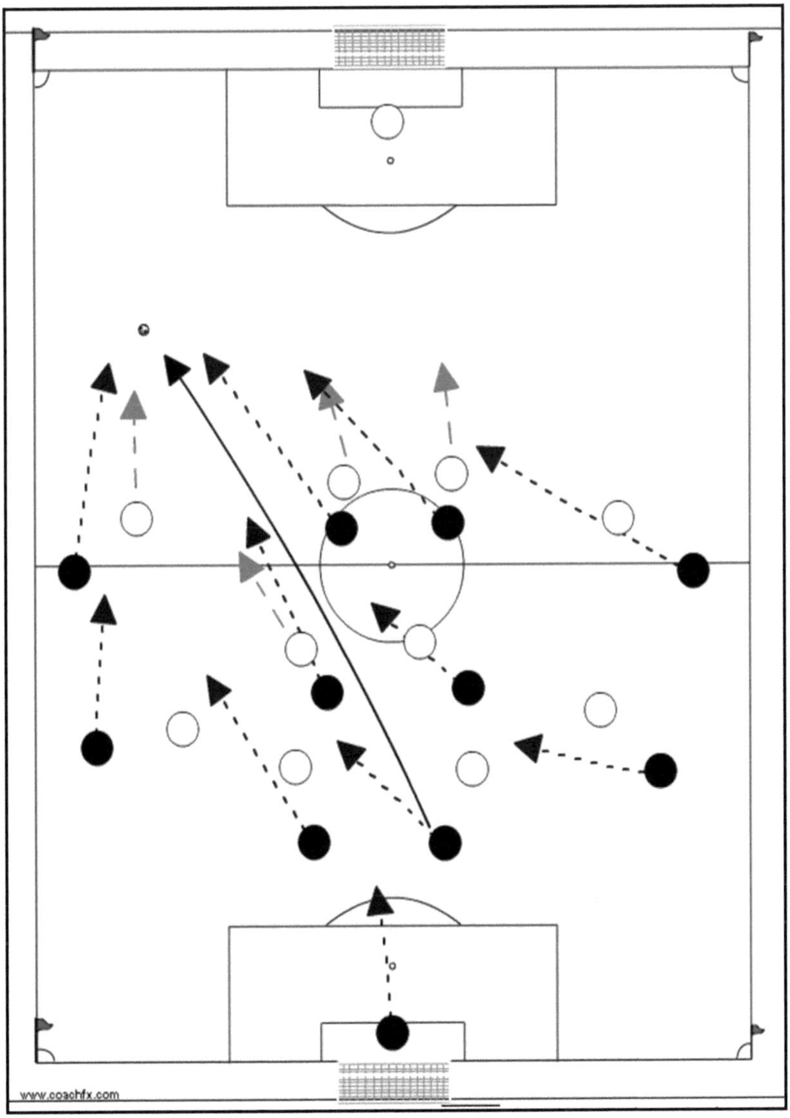

Seitliches Anlaufen eines Innenverteidigers

Die nächste Variante des Angriffspressings ist das seitliche Anlaufen eines Innenverteidigers durch den Stürmer, der am weitesten von diesem entfernt ist.

In der Grafik auf der nächsten Seite läuft der Stürmer also den linken Innenverteidiger seitlich an und versperrt den Weg zum rechten Innenverteidiger. Gleichzeitig schränkt er auch die Rückpassmöglichkeit zum Torwart geschickt ein.

Der andere Stürmer folgt und doppelt den Gegner.

Weiterhin erkennen wir, wie die Viererkette verschiebt und der linke Außenverteidiger gedoppelt wird. Außer dem rechten Außenverteidiger und dem rechten Mittelfeldspieler, werden alle Feldspieler in Manndeckung genommen. Der linke Mittelfeldspieler der pressenden Mannschaft sichert die Seite komplett ab.

Bei einem wirklichen weiten Pass auf den rechten gegnerischen Mittelfeldspieler verschiebt die Viererkette dementsprechend zurück.

Der linke Mittelfeldspieler kann den Pass eventuell abfangen oder erlaufen. Ist dies nicht der Fall, z.B. bei einem zu lang geschlagenen Pass, fängt diesen der Torwart ab.

In diesem Beispiel wird zum ersten Mal der gegnerische Torhüter zugestellt. Beim extremen Angriffspressing werden wir dieses Verhalten des öfteren sehen.

Seitliches Anlaufen eines Innenverteidigers

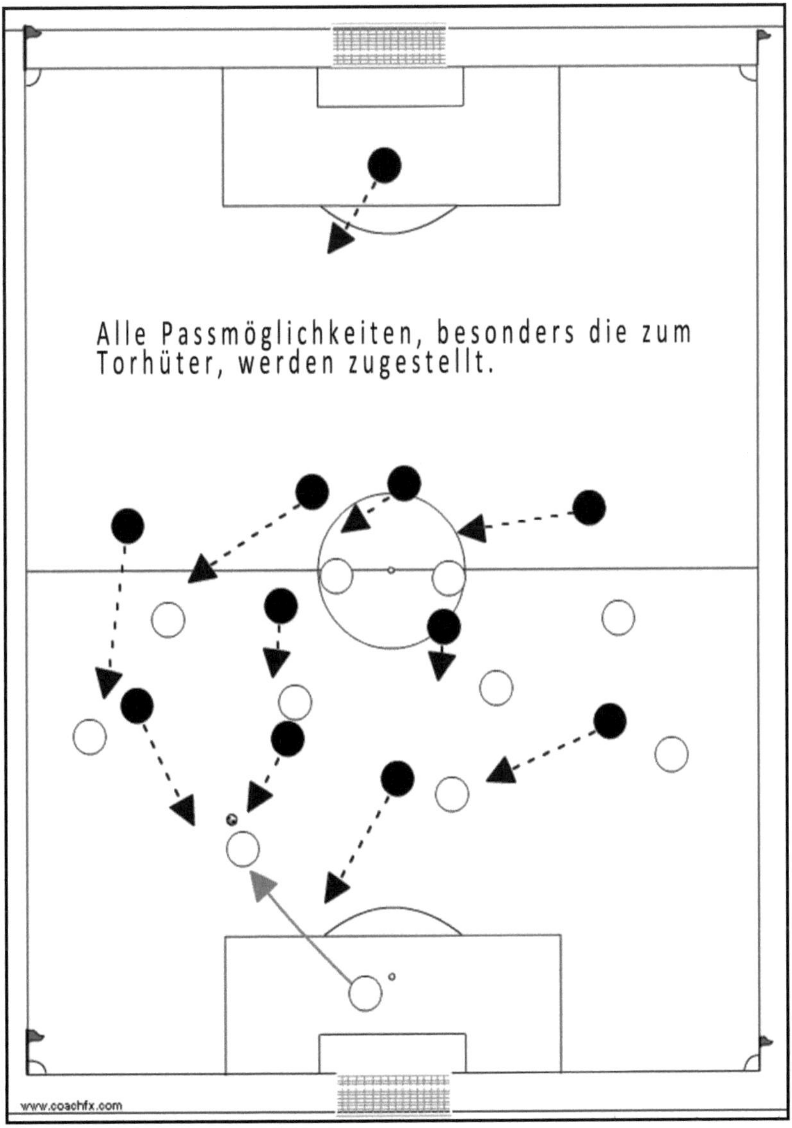

Alle Passmöglichkeiten, besonders die zum Torhüter, werden zugestellt.

www.coachfx.com

Extremes Angriffspressing

Extremes Forechecking bedeutet ein Pressing schon ab dem Sechzehner des Gegners, d.h. auch wenn ein Gegenspieler in der Nähe des Strafraums zum Spielaufbau angespielt wird, erfolgt sofort das entsprechende Druckspiel.

Diese Spielweise ist sehr kräftezehrend und unter Umständen sehr riskant. Sie wird z.B. eingesetzt bei einem unbedingten Torerfolg kurz vor Ende der Spielzeit, bei einem Gegner, der so erschöpft ist, dass diese Taktik erfolgsversprechend ist. Auch kann sie bei einem Gegner, der mit mehr als einem Spieler in Unterzahl spielt oder bei einem sehr schwachen Gegner angewendet werden. Jeder Gegner kann durch diese Vorgehensweise vollkommen verunsichert werden.

Da die Pressingzone jedoch viel größer ist als beim normalen Pressing, können die Räume hier nicht so eng gemacht werden.

Literaturverzeichnis

Claßen, M. / Schnepper, W.:
Taktiktraining im Jugendfußball, BOD, 2011

Claßen, M. / Schnepper, W.:
Taktiktraining im Jugendfußball 2, BOD, 2012

Claßen, M. / Schnepper, W.:
Pressing mit System, BOD, 2012

Schnepper, W. / Claßen, M.
E-Jugend / D-Jugendtraining: effektive Übungen,
BOD, 2014

Schnepper, W. / Claßen, M.
D-Jugend / C-Jugendtraining:
30 komplette Trainingseinheiten,
BOD, 2016

Schnepper, W. / Claßen, M.
D-Jugend / C-Jugend:
über 100 effektive Trainingsübungen
BOD, 2017

Notizen